世界を変えた「ヤバい税金」

大村大次郎

イースト新書Q
Q079

まえがき　～人類史の裏には「税金」がある～

うまくいかない税金事情

税金は、学者や政治家などが綿密《めんみつ》な分析のもとに、国家の将来を見据えて制度設計してつくっている。だから、きちんと払わなくてはいけない……そんなふうに思っている人は多いのではないでしょうか？

しかし、税金の実態を知っている元国税調査官から言わせてもらえば、税制は、国家の将来のために機能しているとは限りません。問題はたくさんあります。

人類の歴史を振り返ってみても、税金が国民のためにしっかり使われていた国は、非常に稀《まれ》です。

国の指導者や上層部は、とにかく好き勝手に税金を使おうとします。その費用をねん出するのに、どの国の財務官も四苦八苦しているのです。

財源不足を補うために、古今東西の財務官たちは試行錯誤を繰り返し、さまざまな新しい税金を考案してきました。

古代ローマでは公衆トイレに課税し、18世紀のロシア帝国ではひげに課税し、戦時中の日本では芸者遊びに「３００％」という超高率の税金を課したこともありました。その様子は、一歩離れた目で見ると非常に滑稽で、喜劇のようでもあります。

税金が世界を変える

税金のかけ方次第で、国のあり方は大きく変わります。

金持ちに高い税金を課し、貧しい人は免税にする。そうしたことができないと、貧富の差は広がるばかりです。また、何にどれだけ課税するかによって、産業の発展・衰退も決まります。「税制が国の行く末を左右する」と言っても過言ではありません。

実際に、税金によって、歴史が大きく変動したこともあります。

たとえば、イギリス植民地時代のアメリカは、税金のかからない元祖「タックスヘイブン」でした。そこに、イギリス本国が税金を導入しようとしたことも、アメリカ独立戦争の一因になっています。

人類史の裏面とも言える、税金のもたらす人間ドラマ。

本書では、70個のエピソードを集めてその面白さを紹介していきます。読了した暁には、これまでとはまったく違う「税金」の姿が見えてくるはずです。

世界を変えた「ヤバい税金」●目次

第2章 世界は「ヤバい税金」であふれている
～乳房税・子ども税・独身税!?～

第3章 日本にもあった「ヤバい税金」
～税率300％の「遊興飲食税」とは!?～

第4章　一見ヤバいけど、実は合理的な税金
～古代ギリシャの脱税密告制度とは!?～

第5章 皆が知らない「ヤバい税金」事情
～犯罪の収益にも所得税がかかる!?～

第1章

歴史を変えた「ヤバい税金」

～フランス革命も独立戦争も「税金」のせい!?～

古代ローマの共和政が崩壊した理由

紀元前8世紀から1000年間にわたって栄えた、世界史上の大帝国・古代ローマ。地中海世界全域を支配し、現在のヨーロッパの礎《いしずえ》を築いた国でもあります。

イタリア半島の都市国家から始まった古代ローマは、周辺の国を次々に侵攻し、領土を広げていました。そしてその戦費を調達するために導入した税制が、非常に秀逸だったのです。

共和政時代（紀元前509年から紀元前27年）の古代ローマには、「戦争税」がありました。これは財産税の一種で、市民が自分の全財産を申告し、その内容に応じて課せられるものです。

戦争税は、持っている財産の種類によって税率が変わる仕組みになっていました。宝石や高価な衣装、豪華な馬車などのぜいたく品には、通常の税率から最高10倍の税金が課せられます。また、金持ちに対して、戦争中は国家に融資する義務も課していました。富裕層の税負担が大きくなるように制度がつくられていたのです。

さて、戦争税のユニークな点は、還付制度があったところです。ローマ軍が戦争に勝って戦利品などを得た場合、納めた税金に応じて還付されました。ローマの戦争税は、国債や株式投資のような性質を持っていたのです。


しかしローマ軍が勝ち進み、領地が拡大するとともに、戦争税は少しずつ廃止されていきました。都市国家ローマ（共和政ローマ）が誕生して350年ほど後、紀元前150年ごろまでに戦争税はすべて廃止されます。

なぜかというと、戦争税を課さなくても戦費を賄《まかな》えるようになったからです。

ローマは征服した土地を、いったんローマの領土に組み込んでいます。そして、被征服地の住民たちに貸し出す形で税を課しました。各地から税として貴金属や収穫物などが集まるようになったため、それだけで国を維持できるようになっていたのです。

中でも、スペインから献納された金銀は、ローマの国庫を潤しました。紀元前206年から紀元前197年までの10年間だけで、約1・8トンの金と約60トンの銀がローマにもたらされています。この金銀のおかげで、ローマは貨幣制度を整えることができました。

が、こうした搾取《さくしゅ》に対し、反乱を起こす属州も現れました。ローマにもっとも打撃を与えたのが、トルコ地域の王・ミトリダテス大王の反乱です。

紀元前88年、ミトリダテス大王の画策により、ギリシャの大部分の都市が一斉に蜂起《ほうき》しました。蜂起の日の1日だけで、ローマの徴税人8万人と、ローマ商人2万人が殺されたそうです。

ミトリダテス大王が求めたのは、ローマからの独立ではなく、税金の軽減でした。

この反乱はローマ軍によって鎮圧されましたが、ローマ政府は大きな打撃を被ります。そして、その打撃によりローマ共和政府は混乱し、帝政へと移行することになったのです。

もし秀逸だった戦争税を廃止せず、属州への税を軽くしていれば、共和政ローマはもう少し長く続いていたかもしれません。

モンゴル帝国の崩壊と「塩税」

塩への課税は、古今東西で行われてきました。

とくに中国において、塩税は古代から重要な財源です。塩の取引を国が独占し、あらかじめ税を課した価格で販売することで徴税していました。

モンゴル帝国の時代になると、塩税は財政の柱にもなります。

塩の専売制度の一つに、「食塩法」がありました。これは、各家庭に一定量の塩を配布し、その代金を税として取り立てるという制度です。モンゴル帝国は、財政悪化とともに、配布する塩に灰土を混ぜて増量するなどの悪辣《あくらつ》なことをしていました。

また、商人に「塩引」という塩の引き換え券を渡し、独占的に塩の売買を行わせる方法もとっています。「塩引」は紙幣の代わりとしても使用されるようになり、モンゴル帝国は「塩引」を大量発行して財政収支を補填《ほてん》するようになっていました。

塩税を主要な財源にされるのは、民にとっては非常に迷惑なことでした。

人間は、塩を摂取しなければ生きてはいけません。金持ちも貧乏人も、生きていくためには一定量の塩分が必要です。だから貧乏人であっても、塩を買わざるを得ないのです。

海岸沿いに住んでいれば、いざとなれば海水から塩分をとることもできたでしょう。しかし海岸から遠いところに住んでいる人は、塩を購入しなければなりません。

中国の場合、国土が内陸に広がっているため、海岸沿いに住んでいるのは人口の一部だけです。多くの人は海岸から遠く離れた内陸部に住んでおり、塩を買わざるを得なかったのです。

そしてそのぶん、塩税によって、政府は莫大《ばくだい》な税収を得ることができました。モンゴル帝国の場合、最終的には塩の利益が財源の8割に達していたとされています。

もちろん、専売により、塩の価格は非常に高くなっていました。

そのため、塩を闇販売しようとする動きも生じていきます。いわば「闇塩」の販売業者が現れたのです。

この闇塩の業者は、中国に古くから存在しており、「塩徒《えんと》」と呼ばれていました。そして、塩徒を取り締まる軍は「塩軍」と呼ばれていました。

塩徒にはならず者が多かったのですが、市場が大きかったために、彼らの勢力は急激に拡大していきました。そして、政府に反旗を翻《ひるがえ》し武装する者も出てくるようになります。

塩徒の中には、国王にまでなる者も現れました。前蜀《ぜんしょく》を建国した王建や、呉越《ごえつ》を建国した銭鏐《せんりゅう》も、元は塩徒です。

モンゴル帝国末期にも、そういった人物が出現します。それが、張士誠《ちょうしせい》でした。

張士誠は初め、3人の弟を含む18人程度で塩徒として活動しています。それが同業者を統合するうちに、あっという間に数万人の規模に膨れ上がっていました。

張士誠らの塩徒は武装集団となり、泰州路白駒場一帯を制圧し、1353年には長江・北岸の要衝の地である高郵を攻め落とします。このとき、張士誠は自らを「誠王」と名乗り、国号を大周とし、年号を天祐《てんゆう》と定めました。

1356年には長江を渡って平江を制圧し、淮南、淮北の「両淮《りょうわい》」を支配下に治めます。両淮は、中国第三の河・淮河の、両岸の地域です。

両淮は、古代から中国最大の塩の産地でした。10世紀ごろの統計によれば、全国の塩の半分以上を、この地域で生産しています。

先ほども述べたように、当時のモンゴル帝国では、財源の8割を塩の利益が占めていました。最大の塩生産地であった両淮を奪われるということは、もっとも大きな財源を失うことと同じです。

この時期、モンゴル帝国は急速に勢いを失いますが、それには張士誠の両淮占領が少なからず影響しているのです。

ただ、張士誠にとっては残念なことに、モンゴル帝国の衰退と同時に朱元璋《しゅげんしょう》が勢力を拡大していました。朱元璋はモンゴル帝国末期の豪族で、後に中国を支配することになる「明帝国」の始祖です。

すでに大勢力を築いていた朱元璋は、張士誠に対し「配下として共にモンゴル帝国と戦ってくれ」と要請します。しかし、朱元璋に対抗意識を持っていた張士誠は、朱元璋の配下になることを良しとしませんでした。彼は最後まで朱元璋に抵抗しましたが、最終的には滅ぼされてしまいます。

大航海時代をもたらしたイスラムの「関税」

スペインやポルトガルが、世界中の航路を切り開いた大航海時代。この大航海時代の成立過程にも、税金が深く関係しています。

当時のヨーロッパ諸国は、アジアからもたらされる香料（スパイス）を求めていました。料理にバリエーションを与える香料は、中世の貴族階級にとって欠かせない食材だったのです。また、香料には殺菌作用などを持つものもあり、薬の原料としても使用されていました。

香料を得るために、ヨーロッパ諸国は非常に苦労していました。

当時、香料は、主にインド地方から輸入されました。そのためスペインは、インドに直接アクセスするため、大西洋をぐるっと回る航路の開拓を目指すことになります。アメリカ大陸発見も、その過程でなされました。

それにしても、なぜスペインは大西洋の航路を開拓しようとしたのか、疑問を持たれませんか？

ヨーロッパとインドは、同じユーラシア大陸に属している「陸続き」です。わざわざ大西洋を横断しなくても、大陸沿いに船を走らせれば簡単に交易できるはずです。

実は当時、ヨーロッパ諸国とインドの間で直接交易ができない大きな障壁がありました。

中世から近代にかけて、中近東には巨大な帝国オスマン・トルコが横たわっていたのです。

イスラム教国だったオスマン・トルコは、ヨーロッパのキリスト教諸国とは敵対に近い関係にありました。とくに、隣同士のスペイン、ポルトガルとはたびたび衝突することになります。

ヨーロッパ諸国がアジアのものを取り寄せるためには、当時の流通ルートの場合、中近東を経由する必要があります。しかし中近東にはオスマン・トルコ帝国があったので、簡単には輸入ができませんでした。

オスマン・トルコでも、ほかのヨーロッパ諸国と同様に「関税」が財政の大きな柱となっています。輸入に5%、輸出に2~5%の関税が敷かれ、非イスラム国の商人であれば、輸出の関税は最高税率の5%になりました。

つまり、ヨーロッパの商人がアジアからオスマン・トルコを経由してヨーロッパに香料を持ってくる場合、10%の関税を払わなければならないことになります。

しかも、オスマン・トルコは食糧原料などの輸出に高い関税をかけていました。とくに香料については、ヨーロッパ諸国がこぞって欲しがったため、とりわけ関税を高く設定していたのです。

香料の関税率が具体的にどの程度だったのか、正確な資料は残っていません。が、当時のヨーロッパでは「銀1gとコショウ1gが同じ価格」とされていましたから、相当に高い関税だったことは間違いないことでしょう。

スペインやポルトガルは、どうにかしてオスマン・トルコを経ずにアジアと交易する方法を模索しました。そうして考えついたのが、オスマン・トルコを回避して、アジアと直接貿易をする「大航海」だったのです。

1488年には、ポルトガルの冒険家バルトロメウ・ディアスがアフリカ南部の喜望峰に到達します。そして1498年には、同じくポルトガルのバスコ・ダ・ガマがアフリカの喜望峰を回ってアジアにたどり着くことに成功しました。

スペインはアフリカ航路開拓において、ポルトガルに後れを取ります。が、ポルトガルがコロンブスのインド航路の資金援助を却下すると、スペインが彼のスポンサーになります。コロンブスが開拓しようとしたインド航路は、大西洋を回り、地球の裏側からアジアに達するルートでした。

当時、すでに地球が丸いことは知られていました。まだ地球を一周した者はいませんでしたが、「理論的に言えば、大西洋からアジアに出られるはずだ」とコロンブスは主張しました。

1492年、コロンブスはアメリカ大陸のバハマ諸島にたどり着きます。有名な話ですが、当時コロンブスは、これがインドの一部だと思っていました。そのためコロンブスが到着した地域の島々は「西インド諸島」と名付けられ、現地の人々はインディアンと呼ばれるようになります。

さらに1522年には、スペインから支援を受けたマゼラン一行が世界一周に成功します。

こうしてスペインやポルトガルは、世界中に新しい航路を切り開き、オスマン・トルコを回避してアジアと交易できるルートをつくりました。

イギリスを繁栄させた「海賊税」

近代世界史において、その主役とも言える国がイギリスです。しかしイギリスは、初めから大国だったわけではありません。中世までは、ヨーロッパの辺境国程度の存在感しかありませんでした。

そんなイギリスは、16世紀のエリザベス女王の時代に大躍進を遂げます。そして、この大躍進の原動力となったのが、実は海賊なのです。

海賊との関わりは、イギリスにとっては黒歴史とも言えるものです。そのため歴史書にはあまり詳しく書かれていませんが、近代イギリスの台頭は、海賊を抜きにしては語れません。

エリザベス女王以前のイギリスは、毛織物をドイツなどに輸出して財政のやりくりをしていました。しかし大航海時代、状況は一変します。

きっかけは、コロンブスによる大西洋の横断です。発見されたアメリカ大陸のポトシ銀山からは、銀が大量に産出されました。これによってヨーロッパにおける銀の価格は大暴落し、銀輸出を主な産業にしてきたドイツは大ダメージを受けます。

イギリスからドイツへの輸出も振るわなくなり、結果、イギリスも財政難に陥りました。エリザベス女王は、苦肉の策として「海賊行為」を行うことにしたのです。

当時、イギリスが利用した海賊は、「私掠船《しりゃくせん》」と呼ばれていました。私掠船とは、政府の許可を得て、敵対国の積み荷などを奪う船を指します。

イギリスは、海賊船に対して「私掠船」の承認を与える代わりに、略奪品の5分の1を国庫に納める義務を課しました。しかし逆に言えば、略奪品の5分の1という「海賊税」を払えば、略奪は国家の了承済みのことになったのです。

そのため、腕力に自慢のある海の男たちはこぞって海賊になりました。映画にもなった「カリブの海賊」も、この流れで生まれたものなのです。

さて、略奪の対象となったのは、当時イギリスと複雑な関係にあったスペインです。

中世ヨーロッパでは、各国の王室の間で婚姻が頻繁に行われていました。親戚同士になることで、国家同士の結びつきを深めたのです。が、「共存共栄」は建前に過ぎず、国同士がライバル関係になれば、王室同士も敵対することになります。エスカレートしたときには、血が近いぶんだけ確執は激しくなりました。

当時のスペインとイギリスは、強国同士のライバル争いのほかに、もう一つ大きな問題を抱えていました。それが、「カトリックとプロテスタントの争い」です。

スペイン王室はがちがちのカトリックであり、カトリックの砦を自認していました。一方、イギリスではプロテスタントが力を増していました。エリザベス女王自身もプロテスタントだったのです。国内のカトリックを迫害することはなかったものの、プロテスタント寄りの国政が行われていました。

こうした宗教上の問題もあり、スペインとイギリスは、表面上は友好を装いながら、内心では反目し合っていました。そのため、イギリスのプロテスタントの海賊が、カトリックであるスペインの船を襲うことも多々あったようです。

当時の国際海運において、海賊行為は半ば公然と行われていました。16世紀半ば、イギリス海峡には約400隻の海賊船が横行していましたが、その中にはフランスの船もあったと言われます。イギリスだけではなく、どの国も多かれ少なかれ、海賊行為をしていたのです。

1587年に行われた、エリザベス女王主導によるキャプテン・ドレイクの海賊航海は、約60万ポンドの収益をイギリスにもたらします。エリザベス女王は、そのうち約30万ポンドを手にしたそうです。これは当時のイギリスにおいて、国家財政の1年半ぶんにも及びました。こうして海賊税がもたらす莫大な税収は、イギリスが大躍進を遂げる要因となったのです。

オランダとポルトガルが独立したのは「消費税」のせい？

スペイン、オランダ、ポルトガルの三国にはある共通点があります。ぱっと思いつくのは、「大航海時代の主役」でしょうか？

が、もっとわかりやすい共通点があります。実はこの三国は、かつてスペイン国王の統治する国だったのです。つまり、三国ともほぼスペインだったのです。

大航海時代、スペインはまぎれもなくヨーロッパ最大の国でした。アメリカ大陸、アジア、アフリカなど世界中に植民地を持ち、「日の沈まない帝国」とも称されるほど繁栄していました。

しかし16世紀の後半になると、スペインは坂道から転げ落ちるように衰退することになったのです。なぜスペインは、急に衰退したのでしょうか？

16世紀末、スペイン艦隊は「無敵艦隊」と呼ばれ、圧倒的な戦力を誇っていました。一方でその維持費も相当のもので、１５７２年から１５７５年の間には１０００万ダカットかかったと記録されています。これは、当時のスペインにおいて歳入の２倍にあたる金額でした。

地理的にイスラム世界と接しているスペインは、「カトリックの砦」を自認し、イスラム教国と小競り合いを繰り返していました。無敵艦隊の費用を含め、軍備は相当な負担となっていたようです。

スペインは敬虔《けいけん》なカトリックの国で、国民は皆、教会に収入の10分の1を寄進していました。国民からそれ以上の直接税を取ることは、なかなか難しい状況でした。

そこでスペインは、「アルカバラ」と呼ばれる消費税で財源を補おうとします。この税制は中世にイスラム圏から持ち込まれたもので、大航海時代からスペインの税収の柱となっていました。

当初、アルカバラが課せられていたのは、スペイン国王のおひざ元のカスティーリャ地方だけでした。が、それをほかの地域にも導入し始めたのです。

まずターゲットになったのは、当時まだスペインの一部であり、経済的に非常に発展した都市だったオランダです。

オランダは宗教改革以降、急激にプロテスタントが増え、スペイン国王とは対立しつつありました。そんな中、スペインはオランダに対し何度も特別税の徴収をしてきました。しかも今度は、アルカバラを導入しようというのです。

オランダ人たちは猛反発し、武装蜂起をしました。いわゆる「オランダ独立戦争（八十年戦争）」です。

1568年から始まったこの戦争は、80年ほど続き、1648年のヴェストファーレン条約で「オランダの独立承認」という結末に至ります。スペインは経済の要衝を失うことになったのです。

ポルトガルについても、アルカバラの導入が武装蜂起に繋がります。

１５８０年から両国は合併状態にあり、当時、フェリペ２世はスペインとポルトガルの両方の国王を兼ねていました。植民地を多数持っていたポルトガルとの合併により、スペインには金銀などの資源が豊富にもたらされていました。

しかし、スペインが財政悪化のためにアルカバラを導入するようになると、関係は次第に悪化します。アルカバラによってポルトガル経済は大きな打撃を受け、ポルトガル人はスペインを恨むようになったのです。

そして、オランダやカタルーニャ地方など各地で反乱が相次ぐ中、今がチャンスとばかりに、ポルトガル人も武装蜂起をします。１６４０年に始まったこの戦争は28年間続き、最終的にポルトガルの独立が承認されました。

オランダやポルトガルが独立した原因はほかにもありますが、消費税が大きな一因となったことは間違いありません。そして経済的に重要な地域だった2つの地域を失ったことは、スペインを大きく衰退させることになりました。

フランス革命を引き起こした「農民税」

フランス革命というと、「絶対的な権力を持つ国王が国家の富を大散財し、苦しい生活に耐えかねた国民が暴発した」というイメージで語られがちです。

が、これは誤解です。実は中世ヨーロッパの王室は、財政的には非常に脆弱《ぜいじゃく》だったのです。

中世ヨーロッパ諸国において、国全体が王の領土であったわけではありません。貴族や諸侯がそれぞれの領地を持っていて、王というのは、その束ね役に過ぎませんでした。国王の直轄領は、決して広いものではなかったのです。

貴族や諸侯は税金を免除されており、国王の収入は、直轄領からの税と関税くらいしかありません。にもかかわらず、中世ヨーロッパの国王たちは戦争に明け暮れ、莫大な戦費を費やしていました。

戦争時に特別に税を課すこともありましたが、貴族、諸侯などの反発もあり、そうそうできるものではありませんでした。戦費の大半は国王が負担していたので、王室の財政は常に火の車だったのです。

そのため、中世のヨーロッパの国王たちは、「デフォルト」を起こすこともありました。デフォルトとは、借金を返せずに債務不履行となることです。

フランス王室も状況は同じで、デフォルトを何度も起こしていました。そこで、財政難を乗り越えるべく、「タイユ税」という重税を国民に課すことになります。

タイユ税とは、土地や財産にかかる税金で、イギリスとの百年戦争（1337〜1453）の際に設けられたものです。戦時の特別税として徴収されたのですが、戦争後も廃止されず、フランスの主要な財源となっていました。

タイユ税は当初、広い土地やぜいたく品だけにかかっていたものでした。しかし財政悪化に伴い、だんだんと生産資産にも課せられるようになっていきます。

農作業の道具などにもタイユ税が課されるようになり、フランスの農民は、牛馬や農機具を持つことさえできなくなりました。

タイユ税は、貴族や僧職、官僚などの特権階級は免除とされました。しかも、税を免除される特権者の範囲はどんどん拡大し、最終的に、課税されるのは農民ばかりとなってしまいます。タイユ税は別名「農民税」とも呼ばれるようになりました。

タイユ税により、免税特権を持つ貴族はますます富み、庶民はどんどん貧しくなっていくという状況が生まれました。当時のフランスでは、3％の貴族が90％の富を独占していたとも言われています。

国家財政は火の車、民衆は重税にあえぎながら、貴族や僧侶は「どこ吹く風」。そんな状況にあったのが、革命前のフランスだったのです。

時のフランス国王・ルイ16世は、この状況の打破を目指します。貴族や僧侶たちに納税を求めるため、「三部会」を開催したのです。これは、聖職者、貴族、平民の3つの身分から代表者を集めて行われる会議でした。

三部会において、平民の代表者はタイユ税の減免を訴えました。しかし、聖職者と貴族は自分たちへの納税を回避しようとします。

三部会の決裂により、聖職者、貴族と平民はするどく対立するようになります。そしてついに平民が蜂起し、フランス革命が起きてしまったのです。

アメリカは元祖タックスヘイブンだった

昨今、「タックスヘイブン」が世界の注目を集めています。

タックスヘイブンとは、税金がほとんどかからない（非常に安い）国や地域のことです。多くの企業や富裕層がタックスヘイブンに移転して税金を逃れるようになっており、世界的な問題となっています。

そんなタックスヘイブンの、元祖と言うべき国があります。

それは、アメリカです。現在、世界の超大国として君臨しているアメリカですが、もともとはイギリスの植民地でした。

かつて、イギリスは世界中に植民地を持っていましたが、そのほとんどの地域で経済活動の自由を認めていませんでした。そして、特定の貿易会社に対し、植民地における独占的な権益を与えていたのです。これはイギリスだけではなく、当時のヨーロッパ諸国はどこもそういう植民地政策をとっていました。

有名なところでは、「東インド会社」があります。

東インド会社は、東インドの植民地について貿易を独占していた会社です。イギリスのほか、オランダやフランスに設立されました。

ヨーロッパ諸国は植民地を支配する際、東インド会社のような独占企業をつくり、輸入品などに高額の税金を課していたのです。

ところがイギリスは、北米植民地については経済を自由化していました。原則として誰でも自由に事業を行うことができ、貿易の制限もほとんどなかったのです。


なぜイギリスは、北米植民地にだけは独占企業をつくらなかったのでしょうか?

実は当時、北米はそれほど重要な地域ではありませんでした。今でこそ、資源大国・農業大国として栄えているアメリカですが、かつては金などの鉱脈もほとんど発見されておらず、香料やお茶などが採れるわけでもありません。広大な国土はあったものの、ほとんどが未開の地でした。北米でゴールドラッシュが起きたり、巨大油田が発見されたりするのは、独立以降のことです。

当時の北米は、金銀の大鉱山があった南米、貴重な香料が採れた東アジアに比べて、重要度が低い地域だったのです。そこでイギリスは、北米を無税地域にすることで経済の活性化を図ったのでした。

資源の乏しさは、逆に多くの移民を招き寄せる結果になりました。税が課されなかったため、北米は物価が安く生活がしやすい地域になっていったのです。

もちろん、自分たちで開拓する苦労はあります。が、ヨーロッパでたびたび飢饉《ききん》が起きたこともあり、それを逃れようと大量の移民が北米に渡ることになりました。

もし北米で、早くから重要な鉱山などが発見されていたらどうだったでしょうか？　経済的な自由は与えられず、ほかの植民地と同様、政府肝入りの独占企業によって支配されていたかもしれません。

アメリカ独立戦争は脱税業者が起こした

北米植民地が発展するにつれ、ここを無税にしていたことは、イギリスにとってだんだん大きな負担になってきました。

北米はフランス、オランダなどと争って獲得した地域であり、それらの国との諍《いさか》いが絶えませんでした。イギリス本国は、北米植民地を守るためにたびたび軍を派遣しなければならなかったのです。

しかも、北米植民地からは兵の供給がありません。イギリス本国から大勢が入植していたものの、彼らには納税の義務もなければ、兵役もなかったのです。

そのため他国から侵攻されると、防衛のためにイギリス本国から兵を出さなければならない状態でした。もちろん、遠く離れたアメリカ大陸に、本国の兵を派遣するには莫大なお金がかかります。

アメリカ独立戦争の約20年前となる1756年、イギリスはフランス、ロシアなどと「七年戦争」を行っていました。

七年戦争では北米も戦地となり、イギリス軍とフランス軍が衝突します。その戦闘は、両軍がインディアン部族と同盟を結んでいたことから「フレンチ・インディアン戦争」と呼ばれています。

イギリスとしては、植民地を守るために行った戦争です。そのため、戦費を北米側に負担させたいと考えていました。

そこでイギリスは、茶を北米に売りつけることで、少しでも財政負担を負わせようとします。

当時の北米では、茶の密輸が大々的に行われていました。大量の茶を輸入しているにもかかわらず、イギリス当局には関税がほとんど入らない状態になっていたのです。

イギリスは国策会社である東インド会社に、北米に無関税で茶を販売する特権を与えました。当時、東インド会社は茶の在庫を大量に抱えており、これを独占的に売りつけて処分しようと考えたわけです。

無関税になれば、東インド会社の茶は密輸品よりも安くなり、売れるようになります。イギリスは東インド会社の経営を助け、北米の住民に茶を買わせることで納税代わりとしたのです。そして同時に、密輸業者の利益を封殺してしまおうと考えたのでした。

これに対し、密輸業者は激怒します。

当時、北米の住民の間では、密輸は悪いことではないと思われていました。北米植民地には、議員の議席がありません。そのため、「代表なくして課税なし」という言葉を用い、一切の課税を拒否したのです。

その理屈から言えば、北米は関税を払うのもおかしいのだから、密輸をして当然という意識もありました。マフィアなどではない普通の貿易業者が平然と密輸を行っており、住民も半ばその存在を承認していました。

北米の密輸業者たちは茶無関税政策への反抗のため、ボストンで茶を積載していた東インド会社の船に乱入し、茶を海に投げ込む事件を起こします。有名な「ボストン茶会事件」です。

この事件をきっかけに、北米植民地では独立の機運が高まり、独立戦争に発展していきました。


ちなみに、茶に関する一連のゴタゴタのために、北米植民地では茶の代わりにコーヒーを飲むようになりました。現代のアメリカでは紅茶の習慣はあまりなく、コーヒーの文化が栄えていますが、それはこの茶騒動が原因なのです。

独立戦争の一因になった「新聞税」

民主主義を支えるアイテムの一つに、新聞があります。

新聞は市民にニュースを報じ、政治の動向などを知らしめ、世間を形成する一つの要素として機能してきました。

新聞は、時に権力者を批判し、社会に大きな影響を与えます。その影響力から、新聞はたびたび弾圧を受けてきました。戦前の日本においても、新聞は幾度も発行停止などの処分を受け、そのために廃刊になってしまったものもあります。

議会制民主主義がいち早く発達したイギリスでも、それは同様でした。

イギリスでは、17世紀から新聞が発行されています。当時のイギリスは、フランスなどとたびたび戦争をし、国民に負担をかけていました。そのため新聞から厳しい批判を受けることも少なくなく、イギリス政府は手を焼いていました。

1712年、こともあろうにイギリス政府は、新聞への課税を決めます。政権批判を抑えると同時に、軍費の調達にも役立つという寸法でした。

当時のイギリスでは、証券、契約書など重要な文書などに印紙を貼らなければならない「印紙税」がすでに創設されていました。印紙税の課税対象に、新聞紙も含まれることになったのです。そしてこの新聞税では、新聞紙の一枚一枚に税金が課せられることになりました。

このとき、新聞一枚一枚に印紙を貼るのではなく、スタンプを押すという方法がとられました。納税済みのスタンプが押された紙を使わないと、新聞は発行できないことになったのです。課税額は新聞紙1枚あたり1ペニー、半分の紙であれば、半ペニーでした。

また新聞広告にも税が課され、広告1つにつき3シリング6ペンスを支払わなくてはなりませんでした。

新聞税は、その後、たびたび増税されます。1757年には新聞紙1枚あたり2ペンス、1776年には3ペンスになります。1798年には3・5ペンス、1815年には4ペンスにもなりました。

イギリスは1765年、当時、植民地だった北米にも印紙税の導入を試みます。新聞やパンフレットなど、あらゆる出版物に対して課税しようとしたのです。

が、北米では住民の強い反発にあい、導入ができませんでした。この印紙税導入の計画も、アメリカ独立戦争の一因になったそうです。

イギリス本国でも、国民からの反発が強まっていました。上昇していた税額は1837年に1ペニーに戻り、1854年には、ようやく新聞税の納税が任意となります。納税すれば郵便料が無料になるということでしたが、納税する者はほとんどおらず、事実上、廃止となりました。ただ、それまでの実に150年もの間、イギリスでは新聞税が課され続けていたのです。

ちなみに現在、イギリスでは20％という高税率の付加価値税が課されていますが、「新聞は文化を守るために必要」ということで非課税となっています。

相続税がロスチャイルド家を衰退させた

近代ヨーロッパ史にその名を残す大財閥・ロスチャイルド。現在でも金融業、ワイン製造業、レジャー産業、百貨店事業などを営み、世界経済に大きな影響を与えています。

ロスチャイルド家がその財力を世界に知らしめたのは、イギリスのスエズ運河買収のときです。

地中海と紅海（スエズ湾）を結ぶスエズ運河は、エジプトとフランスが1869年に航路を開通させ、世界貿易の中心になります。

当時、インドを植民地に持ち、世界一の海運国だったイギリスにとって、スエズ運河は喉元にささった魚の骨のようなものでした。

スエズ運河を利用する船舶の4分の3はイギリス船籍だったのですが、当初イギリスは掘削《くっさく》事業を不可能と見て参加していなかったのです。そのため、運河の利益を牛耳るスエズ運河会社の株も持っていませんでした。

イギリスはスエズ運河会社の株取得を狙うようになり、1875年にそのチャンスが訪れます。フランスとともにスエズ運河会社の大株主になっていたエジプトが財政悪化に陥り、スエズ運河株を売却しようとしたのです。

当時のイギリス首相・ディズレーリは、ロスチャイルド家で夕食に招かれている最中にこの情報を知りました。フランスが動かないうちに、スエズ運河株を取得したかったディズレーリは、議会に図らず独断で取引を進めます。そして株取得の資金は、その場にいたロスチャイルド家が融資したのです。

融資額は400万ポンド。当時このような大金を即座に出せるのは、世界中にロスチャイルド家くらいしかありませんでした。


ロスチャイルド家は、現在も大富豪です。しかし19世紀当時と比べれば、その財力の減少は否めません。

ロスチャイルド家が衰退した理由は、いくつか考えられます。

まず、2つの世界大戦です。第一次、第二次の世界大戦において、ロスチャイルド家は大きな痛手を受けました。ナチスから略奪され、その後戻らなかった資産も相当ありました。しかも財産だけではなく、人的損失も被っています。

そして、ロスチャイルド家が衰退した最大の理由が、「相続税」です。

相続税自体は古くから存在し、古代ローマでも導入されていました。その後も多くの地域で、長い間、相続税は取り入れられています。ただ、相続税の大半は資産の2～3%を徴収されるものであり、それほど大した税金ではありませんでした。

しかし20世紀に入ると、ヨーロッパ諸国はこぞって相続税を拡大するようになったのです。第一次世界大戦後、共産主義革命の波を恐れたヨーロッパ諸国は、国民の反発を防ぐため、資産家に対して多額の相続税を課すようになりました。ロシア革命などで富裕層たちが惨殺される様子を見れば、資産家たちも同意せざるを得なかったのです。

この相続税のために、多くの資産家は以前ほど富を蓄積することができなくなりました。それまではせいぜい遺産の数%を払えば済んでいたものが、遺産の半分前後を取られるようになったのです。

もちろん資産家たちはあの手この手を使って相続税を逃れようとしてきましたが、国民やマスコミの注視する中、そうそう逃れられるものではありません。

ロスチャイルド家は、20世紀に入っても事業を株式会社化せずに、家族経営の形態をとり続けていました。

株式会社にすれば、株主に対して資産状況などを公開しなければいけません。彼らはそれを嫌ったのでしょう。また、すでに資産が莫大なものだったので、株主から資金を集める必要性もあまりなかったのかもしれません。

しかし、それが相続税の導入で裏目に出たのです。

というのも、ロスチャイルド家の資産のほとんどは個人名義となっていました。個人名義の資産には、相続税が思いっきり課せられます。

そのため、かつてロスチャイルド家が所有していた城（のような豪勢な建物）のほとんどは、相続税の支払いのために手放さざるを得ませんでした。ロスチャイルド家も、相続税には勝てなかったのです。

免税濫発で墓穴を掘った平安貴族

かつての日本では、朝廷が国を治めていました。

が、平安時代の末期に武家が台頭すると、朝廷政治は崩壊。鎌倉時代以降は武家政権となりました。

なぜ武家が台頭したのか？　ここにも、税金が関係しています。

当時、朝廷の徴税官である国司自身が不正を働くことが増えていました。

国司は一定の徴税ぶんだけを中央に送り、残ったぶんは着服するようになっていました。

農民から賄賂《わいろ》を受け取り、徴税高を減らすことも多々ありました。つまりは、国司による中間搾取が増えていたのです。

そのため国司というポストは、非常においしいものとなっていきました。

とくに「熟国」と呼ばれる豊かな地域に赴任《ふにん》する国司は、非常に潤うことになります。貴族たちは、誰もが国司になりたがるようになりました。

が、国司になるには、本人の力量よりも門閥の力が重要となっていました。家柄が良くないとなかなか国司にはなれず、有力貴族の後ろ盾が必要になったのです。

国司の希望者は、有力貴族に取り入ろうと家来のようになったり、賄賂を贈ったりするようになりました。そして有力貴族の方も、自分の息がかかった人物を熟国の国司に任命していました。

この「国司の不正システム」をもっとも活用したのが、藤原道長です。

ご存じのように、藤原氏は「摂関政治」で一時代を支配しました。藤原氏は、娘を天皇に嫁がせ次期天皇の外祖父となり、摂政、関白という天皇を補佐する役職に就いて権力を握りました。

そうして絶頂期を迎えたころ、国中の主な国司の任命権は藤原氏が握っていました。そのため藤原氏には、国司や国司希望者から多額の賄賂が贈られていたのです。

寛仁2（1018）年には、藤原道長の邸宅を諸国の国司に割り当てて造営させます。また、その際には国司の伊予守《いよのかみ》 源 頼光《みなもとのよりみつ》が家具調度一切を献上したという記録も残っています。

当時の国司は京都に帰国するたびに、大量の米と地方の産物を藤原一族に寄進しています。つまり、藤原氏は賄賂によって「我が世の春」を謳歌《おうか》していたわけです。

しかし、こうした平安貴族たちの蓄財術は、自分の墓穴を掘るものでもありました。

納めるべき税を国司たちが横取りしたり、税の課せられない荘園が増えたりすれば、そのぶん、国の税収が減っていきます。そして国の税収が減り、朝廷の権威が落ちていけば、貴族の存立基盤も危うくなります。

藤原氏を含めた平安の高級貴族たちは、なんやかんや言っても、朝廷の威厳の下で生きていました。朝廷に威厳があるからこそ、その朝廷の中で高い身分にある彼らが栄華を謳歌できていたのです。

国司たちの不正を容認し、朝廷の財力が削られていけば、やがて自分たちの存立基盤が脅かされることになります。具体的には、荘園の拡大に伴って公領が急激に減少し、公領からの徴兵が不可能になってしまいました。

すると、乱が起きたときに、朝廷は直属の徴兵軍を派遣することができなくなります。朝廷は、各地の武装豪族などに影響力を持つ「軍事貴族」に頼らざるを得なくなるのです。

こうして、軍事貴族が重用されることになりました。その代表格こそが、平清盛です。平清盛は軍事に強いだけではなく、天皇家と姻戚《いんせき》関係を結ぶなどで後白河上皇の信任を得て、あっという間に朝廷権力の頂点に上り詰めます。しまいには対立した後白河上皇を幽閉してしまうなど、やりたい放題でした。

幽閉された後白河上皇は、平家のライバルだった源氏に助力を求めます。そして、最終的に源頼朝が平家を滅ぼすことになるわけです。この源平の戦いの過程で、源氏がすっかり政治の主導権を握り、武家政権を確立することになりました。

平安貴族たちは目先の利益を優先するあまり、朝廷政治そのものを崩壊させ、最後は自分たちも没落してしまったのです。

応仁の乱の一因になった「金貸し税」

戦国時代の契機になったとされる、「応仁の乱」。この乱が、なぜ起きたのかご存じでしょうか？

教科書などでは、「将軍家の世継問題をきっかけに、幕府の有力大名が入り乱れて戦ったもの」と説明されます。

が、問題の本質は別にあります。応仁の乱が起きた本当の原因は、ざっくり言えば、「室町幕府の財政基盤の弱さ」なのです。

そもそも武家政権（＝幕府）は、財政基盤が弱いものでした。

朝廷のように全国を支配し、全国から税を徴収しているわけではありません。幕府は、武家同士の争いが起きたときに調停したり、どこかで乱が起きたときには近隣の武家に動員をかけたりすることはできました。が、土地の所有者はそれぞれの土地の武家であり、各武家から税や兵を直接徴収することもできなかったのです。幕府の財源は、直轄管理している土地から得られる税と、貿易による関税などしかありませんでした。

しかも室町幕府は、歴代の武家政権の中でも最弱の財政状況であり、直轄領は200万石程度だったと見られています。金閣寺・銀閣寺をつくった室町幕府には「金持ち」のイメージがある方も多いかもしれませんが、実体はその正反対だったのです。

足利将軍の臣下であるはずの山名家、細川家の方が、はるかに大きな所領を持っていました。

そこで室町幕府は、財源を「酒屋土倉役」に求めるようになります。「酒屋土倉役」とは、「酒屋」と「土倉（金貸し）」の業者たちへの課税です。


中世から近世にかけて、酒屋は土倉とともに商業の主役でした。

酒造りには大規模な設備や大量の材料が必要で、金持ちでなければできないものでした。そして金持ちは、金貸しをすることが少なくありません。

そのため、酒屋と土倉（金貸し）は同一であることが多く、一つのものとして考えられていたのです。

3代将軍足利義満は明徳4（1393）年、「酒屋土倉を保護する」という名目で、「酒屋土倉役」という税の徴収を始めます。これは、酒屋土倉の利権を保護する代わりに、上納金を出させるというものでした。

が、酒屋・土倉を財政の柱としたのは、非常に危険なことでした。

当時の土倉は、非常に高い利息を課していました。土倉を保護しのさばらせてしまうことは、庶民を苦しませることに繋がります。そして庶民の不満が爆発すれば、土一揆が起こります。

正長元（1428）年には、「正長の土一揆」という、かつてない規模の一揆が起きます。近江の「馬借」（運送業者）による一揆に端を発し、畿内一帯に波及したこの一揆は、土倉への借金の帳消しを求めたものでした。一揆の集団は各地の土倉を襲い、証文を奪い取っていきました。

室町時代にはこうした一揆が頻発し、幕府はたびたび徳政令を出すことになります。

徳政令は、簡単に言えば「借金をチャラにしなさい」という命令です。お金を借りている庶民は非常に助かりますが、土倉たちは大きなダメージを受けます。必然的に、土倉に依存している室町幕府も打撃を受けることになりました。徳政令を出すたびに、幕府の財政は悪化していったのです。

また、土倉側も徳政令が出されそうになると強硬な抗議をする、納税を渋るなど、幕府に対し圧力をかけるようになります。

そうして、室町幕府の財政力はどんどん衰弱します。治安の悪化や諸大名の闘争を招くことにもなり、応仁の乱へと繋がりました。

日野富子を悪女にした京の「通行税」

日本の歴史的な悪女というと、日野富子が挙げられることが多いようです。彼女は、応仁の乱が起きた当時の将軍・足利義政の正室です。

応仁の乱のきっかけとされる将軍の後継問題には、富子が大きく関係していると言われています。足利義尚、義視の2人の将軍候補のうち義尚は富子の実子であり、義視は富子の妹の夫（つまり富子の義弟）なのです。

義政と富子には、長い間、男子が生まれませんでした。最初にできた男子は、生後間もなく夭逝《ようせい》してしまいます。そのため義政夫妻は、義政の弟の義視を次の将軍にしようと考えていました。富子は、その際に自分の妹を次期将軍の義視に娶《めと》らせます。

が、義視が後継将軍に決まってから、富子が男子を出産しました。その男子が義尚です。自分の実子を将軍にしたいと思った富子は、次期将軍に内定していた義視を排斥しようとしました。これが、応仁の乱のきっかけとされる後継問題です。

また、富子は「金の亡者」としてもよく語られます。たくさんの金をため込み、それをほかの武将などに貸し付けて利を得ていたというのです。7万貫もの大金を幕府の御倉にため込んでいたとも言われています。

しかし、富子がお金に固執したのは、前述したように室町幕府の財政力が弱かったからでもあります。

富子の実家の日野家は、幕府の財政官のような仕事をしていました。日野家は資産家で、銭一万疋を土倉に貸したり、五十貫文を公方御倉《くぼうおくら》である正実奏運に貸したりもしています。

公方御倉とは、幕府の財産を管理する機関です。御料所からの収入、守護たちの献上品、段銭《たんせん》、酒屋土倉役といった国内からの歳入、勘合符や交易品などもここに納められていました。

この公方御倉に金を貸していたということは、日野家がそれだけ足利家と深い関係にあり、また幕府の金が不足していたということでもあるのです。

足利将軍家が富子を正室にしたのも、日野家の財力が一因と考えられています。

富子の財力を示すエピソードとして、応仁の乱にも出陣した畠山義就に1千貫を貸していたことがよく取り沙汰されますが、義就はこの直後に京都から撤退しているので、撤退費用の工面だったとも言われます。和平工作として、畠山に1千貫を差し出して撤兵させたのです。

また富子は、応仁の乱後、除目叙任や春日祭など、戦乱で中断していた朝廷や寺社の祭礼を復活させせました。このエピソードからも、相当の金を持っていたという説が生まれたようです。

富子の悪名を決定づけたのは、京都七口《ななくち》の関所問題です。

幕府は文明12（1480）年、京都に入る七つの入り口に関所を設け、通行税の徴収を始めます。これは、「応仁の乱で荒廃した内裏の修造費用をねん出するため」という名目で行われ、富子が画策したとされます。たとえば富子の悪口をさんざん書いている「大乗院寺社雑事記」には、「税収は内裏修造費用としては使われず、日野富子が自分のものにした」と記されているのです。

が、これは事実をかなり歪曲《わいきょく》したものと思われます。

というのも室町幕府は、応仁の乱が終息した直後から、荒廃した京都の再建費用ねん出に奔走していたのです。

まず文明10（1478）年、総奉行を置いて諸国から段銭の徴収を取ろうと画策していきます。段銭とは、田畑の一段（一反）あたりに課せられる臨時税のことです。

諸国はこの段銭の徴収になかなか応じず、思ったように費用が集まりませんでした。そのため、やむを得ず将軍家のおひざ元である京都の七口に関所を設け、通行税を取ることにしたのです。

幕府としては、全国から税を取れないので、京都近郊でより多くを取るしかありませんでした。

七口の関所に対し、京都やその周辺の住民は猛反発し、一揆も起きました。

京都に入るときに通行税を取られると、商品の流通にかかるお金も増え、物価にも影響します。通行税の負担を負った人々は、富子を悪く言うようになりました。前掲の「大乗院寺社雑事記」もその一つです。それらが、日野富子の悪評に繋がったのでした。

間接税「天下普請」が倒幕を遅らせた？

鎌倉時代以降の封建制度では、各領地の徴税権は各地の領主が持っていました。そのため天下を統一した場合でも、大名の領地に対し勝手に課税することはできませんでした。が、豊臣秀吉は、各大名からどうにかして税を徴収したいと思っていました。自分の財政力を伸ばすためにも、各大名の力を弱めるためにも税金の導入が必要だったのです。

そこで秀吉は、「天下普請《てんかぶしん》」を多用することを思いつきます。

「普請」とは土木・建築事業のことで、「天下普請」は国家のための事業を指します。秀吉は「国のため」という建前で、諸大名に豊臣家の城や都市の整備などを行わせたのです。事業費も各大名が負担することになるので、税を徴収するのと同じ効果を得ることができます。つまり天下普請は、各大名へ課した「間接税」のようなものでした。

家康も、この「間接税」を踏襲《とうしゅう》します。

徳川幕府の天下普請は、関ヶ原の戦いの直後から行われました。

関ヶ原の戦いから半年後の慶長6（1601）年5月、家康は京都で二条城の築城を開始します。二条城は、家康が京都に滞在する際の宿泊場所として利用されていました。家康は、この二条城の天下普請を西国大名に命じたのです。

さらに慶長8（1603）年2月、家康は征夷大将軍に就任すると、その翌月には、江戸の都市整備の天下普請を命じます。対象となったのは譜代大名や外様大名で、「六十六か国の町普請」とも呼ばれました。

どの大名がどれだけの普請をするかは、「千石夫《せんごくふ》」という方法で決められました。千石夫とは、領地の1000石につき1人の労役を課すというものです。10万石の大名であれば、100人ぶんの労役を提供しなければなりません。

六十六か国の町普請により、神田山を掘り崩し、日比谷入り江から埋め立てる工事が行われました。江戸城下を流れる平川に、日本橋が架設されたのもこのときです。

こうした天下普請による大名統制は、江戸時代を通じて行われました。

関ヶ原で西軍についた大名の中で、もっとも厄介だとされたのは薩摩藩の島津氏です。幕府は、薩摩藩に対し何度も大規模な天下普請を命じました。

薩摩藩の天下普請は、慶長9（1604）年の江戸城の修築から始まります。18世紀半ば（1753年）には、木曽川の治水工事を命じられました。

木曽川の治水は江戸時代最大級の土木工事で、工事費用は30万両以上かかることが予想されました。当時、薩摩藩はすでに67万両の借金を抱えており、この天下普請はほとんど「取り潰し命令」と言えます。この命令が下ったとき、薩摩藩内では「断って幕府と戦うべき」という意見も出ていたほどです。

結局、薩摩藩はこの天下普請を請けます。しかし工事の最中には、水害が起きるなど、たびたび不測の事態が生じました。

トラブルの責任を取るべく多くの薩摩藩士が自害し、一部には幕府の役人に対する抗議として自害した者もいました。この工事全体で、家老の平田靱負《ひらたゆきえ》をはじめ自害した薩摩藩士は51人にも上ったのです。

工事費用も最終的に40万両に及び、薩摩藩の財政を大きく圧迫しました。もしこうした天下普請がなければ、薩摩はもっと早く倒幕をしていたかもしれません。

薩摩藩が倒幕できたのは「砂糖税」のおかげ

のちの19世紀後半、明治維新を主導した薩摩藩。戊辰戦争で旧幕府勢力を駆逐できた背景には、強大な財政力がありました。

その財政力の大きな源泉の一つが、砂糖の専売による利益です。が、この収益は、薩摩三島や琉球への厳しい搾取によってもたらされたものでした。

薩摩三島とは、奄美大島・徳之島・喜界島を指します。薩摩藩の属領のような扱いを受けていたこの三島は、薩摩藩による厳しい収奪の対象となっていました。

諸説ありますが、三島の砂糖の製造は、元和9（1623）年ごろには開始されていたと言われます。延享2（1745）年ごろには、三島の年貢は米から砂糖に替えられました。そして幕末には、三島から極限まで砂糖を収奪するようになったのです。

薩摩藩は年貢として課した砂糖以外にも、島で生産された砂糖のすべてを買い入れようとしました。幕末につくられた薩摩藩の「財政改革由緒書」には、天保元（1830）年から三島における砂糖の買い上げ制度が始まったとされています。

これは、三島の砂糖をすべて買い入れるという制度です。島内の砂糖の私的売買を厳禁し、違反した者は死刑に処すという厳しいものでした。


奄美大島では、年々上納すべき砂糖＝「御定式上納分」は、460万斤（約2760トン）でした（ほかの島については明らかではありませんが、似たような状況だと思われます）。そして余剰分の砂糖についても、日用品と交換するという名目で藩が収奪しています。

日用品と砂糖の交換比率は、恐ろしく薩摩藩側に有利になっていました。

奄美大島での交換比率は、米1升と砂糖5斤（約3キロ）が等価とされています。が、大坂では、米1升よりも砂糖1斤の方が高額でした。

天保元年から天保10（1839）年までの相場を見ると、砂糖1斤は銀約1・1匁、米1升は約0・96匁。つまり、薩摩藩は大坂の市場価格の5分の1以下で砂糖を買い付けていたことになります。


ほかにも薩摩藩は、余剰ぶんの砂糖と日用品の交換を徹底するため、三島において通貨の使用を禁じました。「島民同士で商品を取引させず、日用品はすべて藩から買わせよう」ということです。

通貨を全廃する際、薩摩藩は島民間の借金をすべて帳消しにしました。つまりは徳政令により、島民の不満を一時的に吸収したのです。島民の多くは貧困層でしたから、効果的な策だったと言えます。

さらに薩摩藩は三島において、砂糖を増産するための政策を打ち出します。男子15歳以上60歳以下、女子13歳以上50歳以下を対象に、一定の耕地を割り当てました。

砂糖の専売制度は明治維新でも廃止されず、明治6年（1873）3月になって、ようやく大蔵省から「勝手売買」の許可が下りました。

薩摩藩は、慶長14（1609）年から属国になっていた琉球に対しても、砂糖の収奪を行っています。琉球では琉球政庁も砂糖を独占しており、それを薩摩藩がさらに買い上げる形でした。

琉球には王国としての体裁があったため、清に対する朝貢が続いていました。そのため、薩摩藩も三島ほどの収奪はしなかったようです（「旧鹿児島藩の砂糖専売」土屋喬雄著・鹿児島県立図書館所蔵より)。
が、琉球政庁が買い上げた砂糖については、薩摩藩がほとんどを収奪しています。ある年、琉球政庁の砂糖の買い上げ高は87万斤(約522トン)でした。そのうち琉球政庁の諸費用などを差し引き、72万斤(約432トン)を薩摩藩が買い上げたそうです。

江戸時代、砂糖は諸藩の産出や中国からの輸入によっても供給されていました。が、日本の砂糖消費量の約半分は薩摩産だったとされます。

薩摩藩にとっても、砂糖は財政を支える貴重な特産物でした。元治元(1864)年の大坂蔵屋敷の収支報告では、薩摩藩の総収入81万両のうち、41万両が砂糖による収入でした。

薩摩藩が西洋の軍艦や武器を買い入れ、幕府を倒すことができたのも、この砂糖の収入があったからこそなのです。

第2章

世界は「ヤバい税金」であふれている

～乳房税・子ども税・独身税!?～

中世ヨーロッパに存在した「初夜税」

古代から中世にかけてのヨーロッパには、「初夜税」が存在したと言われています。領主は領民の妻の初夜をもらう「初夜権」とも言うべき権利を有していて、領民たちは初夜権を拒否するために税を払わなければならない、その税が初夜税でした。

初夜権、初夜税については、明確な記録が残っていません。そのため、存在を否定する説もあります。「当時の領主は皆、領民に過酷な仕打ちをしていた」というイメージから後世の人間がつくったフィクションに過ぎない、というものです。

が、初夜税の名残のようなものは、ヨーロッパ各地に残っています。

たとえば、モーツァルトのオペラの「フィガロの結婚」。これは、初夜権の復活をたくらむ伯爵と、その伯爵に仕える領民との駆け引きを描いたものです。オペラになっているほどなので、ヨーロッパでは初夜権が普通に語られていたとわかります。

また、ヨーロッパの一部地域には「末子相続」という習慣があるのですが、この末子相続には、初夜権が関係していると唱える学者もいます。末子相続というのは、その家の相続は一番下の子どもがするという制度です。

一番上の子どもは、初夜権が使われたときにできた可能性があり、誰の子どもかわかりません。そのため、確実に血統を継いでいるであろう末っ子が相続するようになったというわけです。一つの学説に過ぎませんが、これも状況証拠になるでしょう。

また、初夜税に似たもので、「結婚税」も世界各地にあります。結婚税とは、結婚するカップル、あるいはその両親が払う税金のことです。古くはハムラビ法典にもその存在が記され、中世ヨーロッパでは各地で徴収されていました。

ほかにも、税金となっていたかは不明ですが、中世のイギリスでは、領民の娘が結婚するとき、親が領主に羊1匹を進呈する習わしがありました。同様の風習は世界各地にあり、アフリカのコンゴでも確認されているようです。

「乳房税」という世界史の汚点

今から200年ほど前のことです。インドのケララ州には、「乳房税」という悪税がありました。

当時のインドは、イギリスに植民地化されつつありました。イギリスの植民地支配は実に巧妙で、インドの宗教対立や身分制度をうまく利用して民衆を分断し、富や労働力を奪っていました。

イギリスによって収奪された資金を補うべく、インド各州の為政者は、民衆に対して過酷な税を課すようになります。そのうちの一つが乳房税でした。

乳房税は、「身分の低い女性が街中に出るとき、乳房を隠したければ税を払わなければならない」という、あまりにひどい税金でした。乳房税を払わなければ、人前で乳房を隠すことができなかったのです。

税額は、乳房の大きさなどによって定められます。課税対象となった女性は、妙齢になると役人に乳房を計られる屈辱を受けなければなりませんでした。

ご存じのように、インドにはカースト制度という強固な身分制度がありました。現在の憲法では否定されているものの、人々の間には未だに根強く残っているそうです。

カースト制度には、5つの階層があります。司祭階級の「バラモン」を頂点に、武士や貴族である「クシャトリヤ」、平民階級の「バイシャ」、奴隷階級の「スードラ」が続き、最下層に「不可触民」が位置付けられます。

この5つの階層については有名ですが、実はカースト制度は、もっと細分化されています。主に職業と結びついた区分で、3000種類もあると言われているのです。この区分を「ジャーティ」と言います。

かつては、自分の生まれたジャーティによって職業は決められており、ほかのジャーティに移ることはできませんでした。結婚などについても、同じジャーティ内か、近いジャーティの間で行われるのが常だったそうです。

インド人は自分のジャーティに誇りを持ち、下位のジャーティに対しては蔑《さげす》みの念を持っていました。その蔑みが、乳房税というとんでもない税金をつくらせたのでしょう。

この乳房税については、すさまじい話が残っています。

ケララ州チェルタラ地区に、ナンゲリという美しい女性がいました。ナンゲリは農民の妻で、カースト制度の中では最下層に属していたため、乳房税の対象です。

しかしナンゲリは、州当局に従いませんでした。乳房税を払わないまま、胸を覆って街中に出ていたのです。州の徴税官はナンゲリに対したびたび納税を要求し、ある日、ついに兵とともに彼女の家にまで押しかけてきました。

我慢の限界を迎えたナンゲリは、徴税官らを待たせて家の奥に行くと、自分の乳房を切り落とします。そして徴税官のもとへ行き、その乳房を渡したのです。

出血のためか、ナンゲリはそのまま亡くなり、彼女の葬儀のときに夫も自殺しました。この悲惨な事件を機に、ケララ州全土で抗議運動が燃え盛り、乳房税は廃止されたそうです。

「異教徒税」がユダヤ人を金融業者にした

現代の日本において、宗教の違いによる差別や対立はほとんどありません。これは非常に特殊な状態であり、世界中の国々は、だいたいどこも宗教対立に苦しんできました。

宗教対立は、税金とも大きく関わっています。異教徒に対して税を重くする、つまり「異教徒税」を課すということが、世界史の中では繰り返し行われてきたのです。

古代ローマの時代から、すでに異教徒税はありました。その対象となっていたのが、ユダヤ教の信者、すなわちユダヤ人です。

ユダヤ人は、今から4000年前、パレスティナ地方で暮らしていた人々を始祖としています。彼らはユダヤ教を信仰し、聖書を編纂《へんさん》していました。

紀元前6世紀ごろ、ユダヤ人は国を失います。ざっくりした説明ですが、周辺にできた強大な国に侵攻を受け、住む土地を追われてしまったのです。その後2000年以上もの間、ユダヤ人は「放浪の民」と呼ばれることになります。

彼らは放浪の中でも、自分たちの宗教を決して手放しませんでした。国を持たないにもかかわらず、ユダヤ人は存在し続けてきたのです。

72年、ローマ皇帝ウェスパシアヌスは、国を失ったユダヤ人に対して特別税をつくりました。ローマ占領地の税金について、ほかの民族よりも高い税金をユダヤ人に課したのです。この「ユダヤ人特別税」は、約300年の間ユダヤ人を苦しめ続け、362年、ユリアヌス帝によって廃止されました。

が、ローマ帝国が滅んで西ローマ帝国になると、813年、カール大帝によりユダヤ人特別税が復活します。しかもその内容は、以前よりもさらに過酷になっていました。


こうした重税を逃れるためにも、その後、ユダヤ人はヨーロッパ各地やアラブ、アフリカ、アジアなど、世界中に離散していきました。

どこへ行っても、彼らはユダヤ教を信仰し続けます。独特の生活習慣を持っていたことで、しばしば迫害の対象にもなりました。

ユダヤ人の居住を許した国でも、彼らの居住地域を定めたり、「ゲットー」と呼ばれる狭い地域に閉じ込めたりすることが多々ありました。そして古代ローマと同様、重い税が課されることにもなったのです。


とくにキリスト教社会は、ユダヤ人に厳しくあたりました。

11世紀末から始まった十字軍の遠征では、まずユダヤ人を襲って財産を奪い、それを軍資金に充てるといったことが当たり前に行われました。

ユダヤ人が重税を課せられたり、襲われたりした理由の一つには、「ユダヤ人には金持ちが多かったから」ということがあります。ユダヤ人は国を持たない放浪の民でありながら、昔から金持ちが多いことで知られていました。

また、土地を持たない彼らは、農業を営むことができません。商業をするしかなかったため、商才が非常に発達したのです。

中世以降、金貸しや両替商などの金融業を営むユダヤ人が増えると、彼らは金融業者の代名詞になっていきました。シェイクスピアの『ベニスの商人』にはシャイロックという名のユダヤ人が登場しますが、このシャイロックも狡猾《こうかつ》な金貸しという設定です。

キリスト教社会では、「金を貸し、利子で儲けてはならない」と考えられていました。金融業を営むことへの蔑みも、ユダヤ人が迫害された一因かもしれません。

しかし、ユダヤ人が金融業を営むようになったのは、ユダヤ人のせいではありません。

ユダヤ教の聖典である旧約聖書には、「貧しい者には利子を取らずに貸してやらなければならない」とあります。建前上、金を貸して利益を得ることは禁止されていたのです。

しかし11世紀、ユダヤ教のラビ（指導者）であるヨセフ・ベン・サムエル・トゥ・エレンが出した、ある見解によって転機が訪れます。その内容は、「我々ユダヤ人は、国王や貴族に税金を払わなければならないし、生活費を稼ぐためにも金貸し業は禁止しない」というものでした。

以降、ユダヤ人は半ば公然と金貸し業を生業とするようになります。ユダヤ人は、重い異教徒税によって金貸し業者になったのです。

ユダヤ人の金貸し業は、質屋のような庶民に向けたものから始まり、やがて貴族など上流階級にも貸し付けるようになります。その中で、ユダヤ人は金融を扱うプロになっていきました。

現在、世界の有名な銀行には、ユダヤ人が設立したり経営したりしているものが多くあります。それにも、こういった歴史的経緯があるのです。

オスマン・トルコの「子ども税」

イスラム教世界でも、異教徒に重い税金を課していました。

そもそもイスラム帝国は、その発足時に「イスラム教に入信すれば税金を安くする」という政策を掲げていました。異教徒の税金は相対的に高くなりますから、これも異教徒税と呼んでいいでしょう。

メッカの商人・マホメットが開いたイスラム教は、その誕生時から、宗教であるとともに国家でもありました。マホメットがイスラム教を布教するとともに、イスラム国家の勢力圏も急拡大したのです。


そして、勢力圏を拡大するための大きな武器こそが、「減税」でした。

マホメットの時代は、ローマ帝国が滅んだすぐ後に訪れています。

当時この地域には、土地税と人頭税が課せられていました。土地税は、土地の広さに対してかかる税金です。そして人頭税とは国民すべてに一定額を課す税金で、世界中のさまざまな地域で見られます。現代日本の住民税のようなものですね。

さて、旧ローマ帝国の領民たちは、土地税・人頭税の重税に苦しむことになります。ローマ帝国はキリスト教を国教としており、住民の多くはキリスト教徒です。ローマ帝国はキリスト教の教会と結びつくことで、過酷な税の徴収を行っていました。キリスト教徒であれば、納税から逃れられないようなシステムになっていたのです。

マホメットは、人々に「イスラム教に改宗すれば人頭税を免除する」と呼びかけました。そうして人頭税に苦しんでいたキリスト教徒は、こぞってイスラム教に改宗したのです。

イスラム帝国の徴税は、征服地においても寛大なものでした。

たとえば、イスラム帝国に征服される以前のエジプトでは、土地税を金貨、または銀貨で納めなければなりませんでした。しかしイスラム帝国では、それを金貨・銀貨に限らず、領民の都合の良いもの（穀物など）で納めればいいということにしたのです。しかも、イスラム教徒が家畜の放牧などでちょっとでも使用した土地は、土地税を免除されました。

また、人頭税の対象となるのは異教徒の商人のみで、イスラム教徒や農民には課せられません。異教徒の商人についても、不景気のときには免除されました。

イスラム帝国は、キリスト教、ユダヤ教から改宗しない者にも決して手荒なことはしませんでした。キリスト教徒、ユダヤ教徒は「啓典の民」（イスラム教と同様に一神教を信じる者）とされ、改宗の強制はされなかったのです。イスラム帝国が厳しく改宗を迫ったのは、多神教の信者たちでした。

キリスト教徒、ユダヤ教徒は、一定の決まりごとを守っていればイスラム帝国内でも自由に安全に生活できました。決まりごとの内容は、「人頭税を納めること」「イスラム教徒の男性を打たないこと」「イスラム教徒の女性に手を出さないこと」「イスラム教徒の旅人を親切にもてなすこと」などです。

しかも、キリスト教徒、ユダヤ教徒が納める人頭税も、旧支配者のものよりはかなり安かったのです。イスラム教徒であれ、非イスラム教徒であれ、旧支配者よりはイスラム帝国の方が税金は安かったのです。

ここまでは善政と言えるでしょう。

が、マホメットの死後しばらく経つと、政治は腐敗していきます。「カリフ」と呼ばれた宗教指導者たちが、税を徴収し、富を得ることにすっかり味を占めてしまったのです。

そして、非イスラム教徒についてはもちろん、イスラム教に改宗した者からも税を取るようになりました。ローマ帝国の末期と同じような状態に陥ったのです。

マホメットの死後、600年を経て誕生したオスマン・トルコでは、キリスト教徒に対してさらに厳しい税金を課しました。なんと、子どもを税として徴収していた地域もあったのです。

オスマン・トルコは全盛期になると、東ヨーロッパ、小アジア、メソポタミア、エジプトを領土とします。その中には、アナトリア地方やバルカン地方など、キリスト教徒が多く住む地域もありました。

オスマン・トルコは、キリスト教徒の多い地域から定期的に少年を徴発しました。そしてイスラム教に改宗させたのち、兵や官僚として育てました。子どもを取られるキリスト教徒の両親にとっては、たまったものではありません。これは「デヴシルメ」と呼ばれ、オスマン・トルコ帝国の軍事や行政を支える重要なシステムでもありました。

ただ興味深いことに、「デヴシルメ」で徴発された少年たちは高級官僚となり、オスマン・トルコ政府の中枢に置かれることも多々ありました。またオスマン・トルコは、ユダヤ人の人材を積極的に登用したことでも知られています。重い税を課したものの、マホメットの時代と同様、「啓典の民」とは共生していたと言えるかもしれません。

ロシア帝国拡大の裏にあった「ひげ税」

ロシアの原型は、16世紀にできたと言われています。当時のロシアはとくに強国でもなく、西ヨーロッパに比べると文化や科学技術も遅れた片田舎のような存在でした。が、18世紀初頭にピョートル大帝が現れると、ロシアは強国の地位に躍り出ます。そして、ピョートル大帝によって「ロシア帝国」がつくられました。

ピョートル大帝は国を繁栄させるため、次々と改革を推進します。西ヨーロッパに大訪問団を派遣して技術を視察したり、海軍を創設し軍事力を強化したりしました。ピョートル大帝は、非常に開明的な人物だったのです。

が、こうした政策を実行するには金がかかります。そのためピョートル大帝は、さまざまな新税をつくっていきます。中には非常に珍妙な税金もあり、その最たるものが「ひげ税」でした。

1705年につくられた「ひげ税」は、その名の通り口ひげを生やしている人に課せられた税金です。

税額は、各身分の懐具合に応じて変わりました。大富豪などは100ルーブル、貴族や役人、商人は60ルーブル、修道士は50ルーブル、一般市民は30ルーブル、農民は1カペーカ（1ルーブルの100分の1）でした。

ひげ税を支払うと、領収書が渡されました。税金徴収人が街中を見張っており、ひげがあるのに領収書を持たない違反者から罰金を徴収したようです。

また、違反通報制度のようなものがあり、違反者を見つけて通報すれば、徴収税額の半分をもらえました。

ピョートル大帝がつくった税金には、このほかにも「煙突税」「帽子税」「ショール税」などがあります。しかし、どれも税金として非常に効率が悪く、評判も良くなかったようです。最終的にはほとんどの税金が廃止され、人頭税に集約されました。

未婚女性に5倍の税を課した古代中国の「独身税」

古今東西の徴税当局は、独身者の税金を重くしたり、独身者だけに特別な税金をかけたりしてきました。どの社会でも「結婚して子どもを産むのが社会貢献」という考え方があり、それをしていない独身者からはたくさん税金を取ってもいい、ということだったのだと思います。

現代日本にも、結婚している人には「配偶者控除」や「扶養控除」など税金が割安になる制度があります。これも、独身税の裏返しと言えるでしょう。

実は、古代中国にも独身税がありました。

紀元前221年、秦の始皇帝は中国全土を最初に統一します。当時、すでに中国社会では貨幣が使われており、税制もかなり整備されていました。そして秦では、「算賦《さんぷ》」という人頭税が課せられていました。

人頭税は前述の通り、人ひとりあたりにかけられる税金のことです。豊かな者にも貧しい者にも同様にかけられるので、貧者に辛い税金だとされています。徴税側から見れば人数をチェックするだけで済むので、都合の良い税金です。徴税しやすいため、古代から為政者はよく人頭税を導入しています。

算賦は、秦ができる以前の戦国時代、各国にあった「賦」という税金が起源です。「賦」とは、兵役に従事しない者から徴収する税を指します。

つまり最初は、戦争に参加しない権利を得るために払っていた税金だったのです。それが、いつの間にか、すべての人に課せられるものとなっていました。

貨幣経済が発達していた秦の時代、算賦はすべて貨幣で徴収されていました。15歳から56歳までの男女に毎年120銭、商人、奴婢《ぬひ》の場合はその2倍を課されています。

そして、15歳から30歳までの「未婚女子」には5倍の600銭もの算賦がかけられていました。適齢期になって結婚していない若い女性を狙い撃ちにして、高い税金をかけていたわけです。当時の思想として、若い女性は早く結婚しろということだったのでしょう。

が、現実問題としては、当時この年齢の女性はほとんどが結婚しており、この重税が課せられた女性はそう多くはなかったようです。

古代中国ならでは？　漢帝国の「鉄税」

紀元前2世紀、前漢の7代目皇帝として中国を治めたのが武帝です。

武帝は、古代中国の不倶戴天《ふぐたいてん》の敵とも言える匈奴《きょうど》を攻撃し、一時的に鎮圧することに成功していました。また南越（現在のベトナム周辺）や朝鮮まで版図《はんと》に組み込むなど、漢の勢力を大きく広げた皇帝です。つまりは、全盛期の前漢に君臨した皇帝です。


匈奴の鎮圧、版図の拡大には、当然、莫大な軍事費がかかります。武器や糧食、兵士たちへの褒賞も必要です。そのため武帝は、新たな税をいくつも創設することになりました。

紀元前120年には、塩と鉄に課税をします。塩への課税は古今の国々でもよく行われますが、鉄への課税はあまり見かけません。なぜ武帝は、「鉄税」をつくったのでしょうか？

当時の中国は、進んだ製鉄技術を持っていました。

古代世界では、鉄鉱石を半溶状にしてハンマーで叩いて成形する「鍛造《たんぞう》」によって鉄製品がつくられていました。しかし中国は、より先進的な方法を開発していました。鉄鉱石を溶かして鋳型に流し込んで鉄製品をつくる「鋳造《ちゅうぞう》」を行ったのです。

鋳造は大量生産を可能としましたが、鉄鉱石を溶かす溶鉱炉が必要となるため、高い技術力が求められました。ヨーロッパで鉄の鋳造が行われるようになったのは、14世紀くらいであり、中国は実に千数百年も進んでいたということです。

また漢の時代（紀元前後）、送風機を備えた溶鉱炉もすでにつくっており、仕組みとしては現代の溶鉱炉と変わらないものだったそうです。

そうして製造された鉄は、武器のほか、農機具としても使用され始めていました。鉄は人々の生活に欠かせないものになっており、そのぶん、課税すれば巨額の収益が見込めたのです。

武帝は、鉄の製造を国が独占的に行うものとしました。鉄の製造をすべて国が行い、その販売収益もすべて国が得たのです。あらかじめ税を含めた値段で売ることになるので、ただ税金をかけるより徴税しやすく、専売制にした方が国の利益は大きくなります。

ただし専売制の場合は、製造・管理も国が行わなくてはいけません。漢の政府は、鉄鉱石の産地50か所に「鉄官」と呼ばれる役所を置き、国家直営の製鉄所をつくりました。漢は、鉄を私的に製造した者には重罪を課しました。が、それでも鉄を密造する者はいたようです。というのも、前漢時代の鉄鉱遺跡が、鉄官が置かれた地域以外にも発見されているのです。

ちなみに紀元前98年には、酒も専売制になりました。しかし、これには民の反発が強かったらしく、武帝の死後、紀元前81年には酒の自由販売が認められています。

大反発を受けた中国の「月餅税」

中国の「月餅《げっぺい》」というお菓子をご存じでしょうか？　日本でいう饅頭のような甘いお菓子で、月に見たてた丸い形をしています。

中国では、中秋節にこの月餅を食べる習慣があります。日本が正月にお餅を食べるのと同様に、中国人にとって季節の行事に欠かせない食べ物なのです。

中秋節に月餅を贈り合う習慣もあり、従業員に月餅を配る会社も少なくありません。日本でも、昔ながらの商店や工場では、正月前にお餅を従業員に配るところもありますね。それと同じようなものだと言えます。

この月餅はけっこうな高級菓子で、1つあたり数百円から数千円。中国人の平均月収は10万円ちょっとなので、1つ1000円が10個であれば、月収の1割にもなります。

以前の中国では、企業が従業員に月餅を配った場合、企業の経費として処理されてきました。が、月餅は高級菓子ですから、金額はバカになりません。

そのため2011年、企業が社員に月餅を配った場合、そのぶんの金額が給与として扱われることになりました。つまり月餅ぶんの金額が、課税対象所得に上乗せされることになったのです。

もちろん、多くの中国人は大反発しました。この税金の導入時には、「月餅を食べない」という人も続出しました。

ただ、課税所得に上乗せされるといっても、実際に課せられる税金は月餅代の1~2割。だから月餅税を払ったとしても、会社から月餅をもらった方が得です。現在、ほとんどの中国人は、文句を言いながらも月餅税を払って月餅を食べているそうです。

公衆トイレに税金を課した帝政ローマ

帝政ローマの、ウェスパシアヌス帝の話です。

ウェスパシアヌス帝は、「暴君」・皇帝ネロの部下の軍人だった人で、財政官でもありました。60歳で皇帝の座に就いたウェスパシアヌス帝にとって、大きな課題となったのが国の財政再建です。

占領地で多額の税を課すと、各地で重税に対する反乱が起き、その鎮圧のために巨額の軍事費がかかります。この悪循環を断ち切るため、新たな財源が必要とされていました。

ウェスパシアヌス帝は、自国に対しさまざまな間接税を増やすことで財源を確保しようと考えます。その一環でつくられたのが「公衆トイレ税」でした。

この公衆トイレ税は、公衆トイレの利用者に課せられるものではありません。糞尿を引き取る業者に対して課すものでした。

当時のローマでは、糞尿に含まれるアンモニアを羊毛の洗濯に使うことがよくありました。公衆トイレの糞尿は、業者が引き取っていたのです。

公衆トイレ税は、ウェスパシアヌス帝の増税政策の象徴となります。そして、当時の増税反対者からは恰好の批判の的にもなっていきました。

ウェスパシアヌス帝の息子のティトゥスさえ、「トイレに税金を課すなんて汚い」と批判したそうです。が、ウェスパシアヌス帝は、この「公衆トイレ税」で最初に徴収された金貨を息子にかがせ、「におうか？」と聞いたそうです。

それにしても、2000年も前に、税を取れるくらい公衆トイレが国中に設置されていたとは……。ローマの文明レベルには感心せざるを得ません。

イギリス国民が猛反発した「暖炉税」

イギリスでは、1662年に「暖炉税」が創設されています。

当時のイギリスは、オランダやフランス、スペインなどと戦争ばかりをしており、暖炉税がつくられた年の2年後には、第二次英蘭戦争が始まっています。つまり、戦費がいくらあっても足りないという状況でした。

当時、すでに消費税や関税などはけっこうな高税率となっていました。それらを増税することが難しかったため、新しくつくられたのが暖炉税だったのです。

暖炉税に対し、国民は激しく反発しました。暖炉税には、明白な欠陥がいくつもあったからです。

まず、貧しい人に負担が大きいということ。

暖炉税の税額は、各家庭の暖炉1つにつき2シリング。家賃20シリング以下の家など、貧しい家庭では免税されました。

しかし暖炉は、かなり貧しい家庭でも必要です。そして、裕福な家だからといって、暖炉がそうたくさんあるわけではありません。ということは、家賃20シリング以上であれば、貧しい人も裕福な人もほぼ同じ額の税金を払わなければならなかったのです。

また、徴税方法にも問題がありました。

暖炉税を徴収するときには、徴税役人が各家庭の暖炉の数を調査することになります。役人が家に上がり込んで中を調べるというのは、国民にとって非常に屈辱的なことでした。

主にこの2つの理由から、イギリス国民は暖炉税に猛反発し、暖炉税の徴収は困難を極めました。地域ぐるみで暖炉税の徴税に反抗するところもあり、徴税役人が殺される事件まで起きています。

ほかにも、暖炉税が免税となる「貧困証明書」が不正に発行されるケースも相次いでいました。「貧困証明書」は教会などが発行していたのですが、その人の経済状況をよく調べずに発行したり、貧困証明書を販売したりする教会まで現れていたのです。

また、暖炉を覆い隠してしまうという脱税も非常によく横行しました。

こうして社会に混乱を招いた暖炉税は、導入から間もない1689年、廃止となります。しかし、類い稀な悪税として、今もその名は知られているようです。

なぜイギリスの古い家には窓が少ないのか?

ヨーロッパの街並みを眺めると、古く、趣《おもむき》のある建物がたくさんあることに気が付きます。というより、一部のビジネス街などを除いて、ほとんどの地域では古い建物ばかりが並んでいます。日本人から見れば、ヨーロッパの街全体が、「テーマパーク」のようですね。

日本の場合、100年前の建物などは非常に少なく、たまにあっても自治体の文化財として指定され、保護されています。100年前の建物が普通に民家として使われているのは、たいへん稀なことです。

一方のヨーロッパでは、100年前の建物もごく普通に使われています。100年前どころか200年前、300年前の建物もそう珍しいものではありません。

ヨーロッパの人々は、歴史的な景観を大切にしていますし、何より、建物自体も石造りでしっかり建てられています。ヨーロッパの都市づくりは、非常に長い目で行われているのでしょう。

ところで、イギリスの古い建物の中には、窓が塞がれているものも見受けられます。窓自体はたくさんあっても、大半の窓が壁と同じような素材で塞がれていて、窓として機能しているのはほんの一部なのです。

なぜこういう建物があるのか？　これにも、税金が深く関係しています。

17世紀の終わりの1696年、イギリスで「窓税」がつくられました。前項でご紹介した暖炉税に懲りた政府当局は、新たに窓税を創設したのです。

暖炉税では、徴税役人が家に上がり込んで暖炉を調べたことで、庶民から猛反発を受けました。しかし窓ならば、家の中に入らなくても外から確認することができます。

それに、窓の数はおおむね建物の大きさに比例します。大きな家に住んでいる高所得者にはたくさん税金がかかり、低所得者にはそれなりの配慮ができることになります。

それでもアダム・スミスは国富論の中で、「都会の高い家に住んでいる人よりも、地方の安くて大きな家に住んでいる人の方が余計に税金を取られるので不公平だ」と述べました。イギリス人は、「税金における低所得者に対する配慮」を昔から重んじてきたのでしょう。

この窓税は、1つの建物に6個までは免税となります。7～9個の場合は2シリング、10～19個の場合は6シリング、20個以上の場合は8シリングを支払いました。

窓税は150年以上にわたって課せられ続け、1851年になってやっと廃止されました。そのため、17世紀の末から19世紀の半ばまでの建物には、窓が塞がれているものが多いのです。窓を少なくして、税金を免れようとしたわけです。

ちなみに、フランスなど、いくつかのヨーロッパ諸国でも窓税は導入されていました。

コーギーのシッポが短いのは「犬のシッポ税」のせい？

「コーギー」という犬種をご存じでしょうか？　コーギーは胴が長くて足が短く、シッポが短いのが特徴です（シッポの長い種もいます）。イギリスが原産で、かつては牧羊犬でした。イギリス王室で愛玩されていたことで有名になり、現在は世界中でペットとして飼われています。

コーギーは、短いシッポが特徴にもなっているのですが、子犬のうちにシッポを切ることが通例となっています。そして実は、コーギーのシッポを切る慣習には、税金が関係しているのです。

かつてイギリスの上流階級の間で、鹿狩りが流行したことがありました。獲物の鹿を農家で飼われているコーギーが襲ってしまうことがよくあったので、国王はコーギーが早く走れないよう、足などを傷つけるように命じたそうです。それを拒んだ場合は、罰金的な税金を払わなければなりませんでした。

お金のない農家たちは、税金を逃れるためにコーギーのシッポを切りました。当時は、シッポを切れば早く走れなくなると考えられていたのです。

これによってコーギーのシッポを切ることが通例となり、今でもコーギーのシッポを切る習慣が根付いていると言われています（ほかに、「牛に踏まれないようにシッポを短くした」などの説もあります）。

それにしても、税金のためにシッポを切られるとはコーギーも災難でしたね。もちろん現在のイギリスに、犬のシッポ税などは存在しません。

第3章

日本にもあった「ヤバい税金」

~税率300%の「遊興飲食税」とは!?~

織田信長の「戦争回避税」

戦国時代の覇者・織田信長は、戦費を調達するために「戦争回避税」という税を課していました。

当時の合戦では、いたるところで武士が陣を構えるので、近くの住民は避難しなければいけませんでした。戦いが始まると、村に火を放たれたり建物を壊されたりすることもあります。地元住民にとって、これらは迷惑以外の何物でもありません。

そのため住民たちは、合戦が起きそうなとき、ある程度の金銭を支払うなどして「防御札」という札をもらいました。この札がある場所では、軍は陣を構えてはならず、狼藉《ろうぜき》をすることも禁じられていたのです。

信長も、この防御御札を発行しています。

永禄11（1568）年、信長が足利義昭を擁《よう》して上洛した際、奈良では1000貫目の「判銭」が徴収されました（「多聞院日記」より）。ルイス・フロイスの『日本史』にも、「主要な寺院、堺のような大きな町では、『朱印』と呼ばれる信長の允許状をもらわないと、安全が保証されない」と記されています。「判銭」とは防御御札と引き換えに支払う金銭を指し、「朱印」はおそらく防御御札の別称でしょう。

しかし、信長の「防御御札」はほかの武将のものとは少し違っていました。町民や村民にとって、非常にありがたい仕組みだったのです。

ほかの武将の防御御札は現場の部隊が随意で発行していたため、町民や村民は誰に頼めばいいかわからない状態でした。また、部隊ごとに防御御札が必要とされたため、各部隊から二重、三重に矢銭（戦争税）を徴収されることもありました。

一方、信長の「防御御札」にはそうしたことがありません。信長に一度「防御御札」を発行してもらえば、それ以上、現場の部隊に支払う必要はなかったのです。信長の防御御札が貼ってある場所では、部隊が矢銭を取ることは厳禁となっていたからです。

そして信長は、兵士たちが町人などに狼藉を働かないよう厳しく管理していました。

たとえば、『信長公記』にはこんな記述があります。「信長は『軍勢が京都に入ったら不届きな者が出るかもしれない』と考え、京都の内外の警備を命じたので、乱暴狼藉は起こらなかった」。

また永禄12（1569）年、信長が京都に将軍義昭の邸宅を築営しているとき、信長軍の兵士の一人が、見物人の女性のかぶり物を上げて顔を見ようとしたことがありました。それを見た信長は、その場で兵士を一刀両断に切り捨てたそうです（フロイス『日本史』より）。

このような軍律の厳しさによって、地域の住民たちも「信長の防御御札をもらえば安心」と考えるようになりました。信長が天下取りレースでほかの武将より抜きんでたのは、こうした「丁寧な仕事ぶり」によって領民に慕われていたことも大きな要因かもしれません。

安土城の「入場税」とは？

織田信長が天下をほぼ手中にしたとき、新しい本拠地として建てられたのが安土城です。残念ながら現在、安土城は残っていませんが、想像をはるかに超える巨大で壮麗な建物だったようです。

安土城は、地下（石蔵）1階、地上6階の7階建てで、外観は5層となっていました。

天主閣の高さは、16・5間（約30メートル）。現代の感覚で、だいたい10階建てのマンションに相当します。

安土城は、ほかの城と比べ異様な外観をしています。外壁は層ごとに、金、青、赤、白、黒に色が塗り分けられていました。

こういう極彩色の建物は、日本にほとんど例がありません。東南アジアなどの建物にも似ています。信長は、宣教師たちにインドの建物のことを詳しく聞いていたようなので、その影響を受けたのかもしれません。

そして各部屋の襖《ふすま》には、さまざまな趣向を凝らした絵が描かれています。それらは金箔貼り、あるいは金泥が塗られた豪華なものでした。

しかも、この安土城は、信じ難いことに当時「一般公開」されました。天正10（1582）年の元旦のことです。

年賀のあいさつを受けるという形で、家臣や各大名、一般人までも竣工《しゅんこう》した安土城に招き入れたのです。城を建設してそれを一般公開するということは、おそらくこれが日本で初めてのことだと思われます。

今でこそ、大きな建築物ができた際は、たくさんの人を招いてのお披露目が行われます。しかし、時は戦国時代です。城の内部というのは軍事機密であり、本来外部に漏らすものではありません。しかし信長は、そこをあえて全部公開してしまったのです。

信長としては、「もう自分に歯向かえる者はいない」という自信の表れだったのでしょう。あるいは、素晴らしい城を見せつけることで、反抗する気を失わせる意図もあったのかもしれません。

もちろん、お披露目会はたいへんな人出となりました。押し寄せた人々が石垣を踏み崩し、石と人が一緒になって崩れ落ちたことで、死人まで出てしまいました。

混乱を防ぐため、最初に家臣、2番目に他国衆、3番目に住民という順序で入場させることになりました。階段を上ると座敷に通され、御幸の間（天皇の行幸を迎えるための部屋）まで見ることができたそうです。

一般公開に先立ち、信長は「城に来る際には大名小名に限らずお祝い銭を100文ずつ用意するように」というお触れを出していました。城の「入場税」とも言うべきものです。

信長は本丸御殿の入り口で、自ら100文の入場税を徴収し、金を受け取っては後ろに投げ入れたそうです。もちろん入場料を監視するために入場係を買って出たわけではなく、パフォーマンスの一つだと思われます。

信長は、実はとても茶目っけのある人物だったようですね。

掘っ立て小屋にも課税！　武田信玄の経済状況

「戦国最強」と謳《うた》われた武田信玄。しかし武田氏は「長篠の戦い」で信長に敗れ、天下取りの争いから脱落します。彼はなぜ、信長に後れを取ってしまったのでしょうか？

その最大の要因は、地理的条件にあります。

信玄の本拠地であった甲斐は、京都から遠く離れた「陸の孤島」です。当初の領地は山間部にあり、海に面していないため、交易や商業はあまり栄えていませんでした。しかも水害が多く、豊穣《ほうじょう》とは言い難い土地でした。

こうしたハンディにより、信玄は戦のたび、軍費のねん出にたいへん苦労することになります。なかなか中央に勢力を伸ばすことができなかったのは、そのためでしょう。

そして、この地理的不利が信玄を苦しめたことは、甲斐地方における税制の変遷を見てもわかります。

当時、基本的に課税対象となるのは農地でした。田や畑に対していくら、というふうに定められていたのです。

農地を課税対象とした場合、天候などで農作物の出来が悪い時期、税の基準を引き下げるのが通常でした。農作物の出来によって税収が左右されたのです。

しかし、痩せた土地の甲斐地方では、不作ばかりが続きます。収穫量に合わせて頻繁に税を引き下げるとなると、十分な税収を確保できません。

信玄は苦肉の策として、主に家屋を課税対象とする「棟別役《むなべつやく》」を税収の柱に据えました。棟別役ならば、農作物の出来に関係なく、毎年一定の税収を確保することができます。税収の増加と安定化を図ったのです。

一方で棟別役は、農民に多大な負担をかけます。農作物の出来が悪くても、毎年決められた税額を納めなくてはならないからです。しかも甲斐地方において、棟別役はたびたび増税されていました。

天文10（1541）年、信玄は領主の座につき、翌年の8月には1回目の大増税を実施しています。具体的に何をしたかというと、新たな「棟別帳」の作成でした。

棟別帳とは、簡単に言えば、領内の各家屋とそこに住んでいる家族について記された帳簿のことです。現代の「固定資産台帳」をイメージするとわかりやすいでしょう。帳簿を作成することで、棟別役の徴収を強化したのです。

税というのは、戸籍などの住民の基本的なデータがないと課すことができません。誰にどの程度、税を課すべきかわからないからです。古代からつくられてきた戸籍も、その目的は徴税や徴兵でした。それと同様の目的で、領内の建物をしっかり把握するために、建物の戸籍とも言える「棟別帳」をつくったのです。

棟別銭は、1棟に対して100文、これを春と秋の2回徴収していました。当時、棟別銭の全国の相場は年間50文～100文程度とされているので、年間200文はかなりの重税の部類に入ると見られています。

当初、棟別銭は本家のみに課税されていました。しかし後に、税収不足を補うため新家（分家）への課税も始まります。新家への税額は50文とされましたが、信玄の死後、100

文になっています。

さらに、それまで課税対象となっていなかった片屋（屋根が両側にはなく、片側にしかない家）や明屋（空家）も対象に含まれるようになりました。掘っ立て小屋などの、粗末な建物にまで課税されたのです。

しかも、この高額な税金を、信玄はしばしば前倒しで徴収しています。永禄5（1562）年には、甲斐国鮎沢郷において、翌年の秋に収めるべき棟別銭のうち30銭を年末までに収めるように指示した記録が残っています。

家屋に課税した地域はほかにもありましたが、補完的な課税に過ぎず、それほど大きな額ではありませんでした。棟別役を主要財源に据え、増税を繰り返していたことからも、甲斐地方がいかに貧しかったかがわかります。

度重なる増税に苦しみ、領地から逃亡する領民も続出していました。「信玄は領民思いの領主だった」などと評されることもありますが、これは認識誤りだと言えるでしょう。甲斐の経済状況では、領民のことを考える余裕などはなかったのです。

なぜ京都の商家は「うなぎの寝床」と呼ばれるのか？

京都の古い街並みには、「うなぎの寝床」と呼ばれる、間口が狭くて奥に長い商家がけっこうあります。なぜそんな奇妙なつくりになったのか？　これにも税金が関係しています。

古代から近世まで、日本の中心地は京都でした。

戦国時代にも「京都を抑えた者が天下を取る」と言われたほど重要な場所でしたが、反面、京都は為政者にとって治めにくい土地でもありました。京都は古くから天皇のおひざ元であったため、武士の言うことなどまともに聞かなかったのです。

為政者は、日本の中心地たる京都から、なんとか税を取ろうと苦心しました。「地口銭《じぐちせん》」もその一つです。

「地口銭」とは、通りに面した間口の広さに応じて課された税金です。1558年、三好長慶が課したと言われています（それ以前からあったという説もある）。

京都の人々は節税のため、間口の狭い町家をつくるようになります。そして生活のスペースを確保するため、代わりに奥行きを広くしました。

現存する京都の町家に、うなぎの寝床のように細長い形をしているものが多いのはこのためなのです。

似たような税金は、江戸時代にもありました。江戸には「町中塵捨賃」というゴミの収集代として課される税があり、通りに面した家は間口に応じて税額が変わりました。そのため江戸の一部地域にも、うなぎの寝床がよく見られたそうです。

北前船の形を変えた「出入国税」

江戸時代の流通に大活躍した、「北前船」という廻船があります。この廻船は、明治の初めまで日本海における流通を担っていました。

北前船の航海は、一年ほどかかります。大坂からいったん瀬戸内海に下って下関を回り、そこから北上して北海道まで向かいました。

北海道に行く下りの積み荷は、米・酒・塩・砂糖・紙・木綿などで、大坂に行く上りでは昆布などの海産物を積んでいました。

北前船は、「一航海の利益は1000両」と言われるほど利益を上げていました。そのため北海道松前藩は、北前船に高額の出入国税をかけるようになります。

この出入国税は、船の中央部の広さに応じて課せられていました。普通、船の積み荷は船の中央に載せます。よって中央部の広さは船の大きさを表す、そう松前藩は考えたのです。

しかし北前船の船主たちは、船の構造をいびつにすることで、この出入国税に対抗しました。船首部分を大きく膨らませ、中央部を細くしたのです。北前船は船の形が変わっていることで知られますが、それにはこうした理由があったのです。

江戸幕府が計画していた「糞尿税」とは？

江戸幕府は、日本の国土の4分の1を領有していました。徳川家は、ほかの大名に比べると財政的にはゆとりがあったのです。江戸時代が300年近く続いたのも、この財政力が要因の一つでしょう。

幕府のおひざ元である江戸では、町人に対してほとんど税金が課せられていませんでした。天保13（1842）年、勘定奉行の岡本成は、次のように述べています。

「町民が地税を納めるのは当然のことだ。しかし江戸の場合は、徳川家が江戸に入った際、寛大さを示すために地税を取らなかった。そのため、江戸の町民は地税を納めなくていいものと思い込み、これまで地税を徴収できなかった」

秀吉による国替えで家康が江戸に入ったとき、江戸に人を呼び寄せるために、最初は地税を取りませんでした。その流れのまま、江戸時代を通じて「江戸町民は無税」ということになってしまったようなのです。なんともお人好しというか、のんきな話ですね。

が、この江戸幕府も、幕末になると財政がひっ迫します。開国の影響で、外国から軍艦や武器などを購入したり、砲台を建設したりしなくてはならなくなったのです。それまでとは、桁違いに財政支出がかさむようになりました。

そのため、幕府は新しい財源を探そうと、新たに「御国益掛《ごこくえきがかり》」という役所をつくりました。簡単に言えば、新しい税などをつくり、財政を好転させるための役所です。

御国益掛では、さまざまな新税が検討されました。江戸市中に新しく堀をつくって通行する船から「運上」という税を取る、江戸に入ってくる酒に税を課す、などなど。

その一環で持ち上がったのが「糞尿税」の計画です。これは、江戸市中の糞尿を税として徴収し、幕府がそれを肥料にして財政の足しにしようというものでした。

江戸時代、糞尿は財産の一つでした。

江戸の長屋では、「糞尿は大家がもらう」という約束になっており、糞尿を業者に売却し、業者はそれを肥料にして農村に売る慣習がありました。江戸の長屋は比較的安い家賃で済んだのですが、これは糞尿がけっこうな利益になっていたからなのです。

ところが、その大家の持ち分だった糞尿を、幕府が横取りしようとしたのです。長屋の家賃にも影響が予想されますから、反発を受けるのは当然のことでしょう。

福沢諭吉『福翁自伝』の中には、糞尿税にまつわるエピソードが登場しています。

糞尿税のことを聞いたある洋学者がこんなことを言い、一同、大笑いをしたことがある。

「政府が業者を無視して糞尿を独占しようというのは、いわゆる圧制政府である。昔、アメリカ国民は本国イギリスが輸入品の紅茶に課税したことに怒り、貴婦人たちはいっさい茶を飲まず、茶話会の楽しみをやめたという。このたびはアメリカ人にならい、我々も便を出すのを一切やめ政府を困らせてやろうじゃないか」

（『福翁自伝』より著者が意訳）

「幕府の糞尿税に対抗するため、我々は大小便をするのをやめよう」という冗談ですね。

この糞尿税は、導入される前に明治維新が起きたため、実際には実現していません。

糞尿はその後、昭和前半までは貴重な財として扱われていました。現在の西武鉄道の前身である武蔵野鉄道では、都心部の糞尿を農村に輸送する業務も行っていたほどなのです。

もちろん、現在はそういうことは行われていません。

慶應義塾大学ができたきっかけは「洋書税」？

19世紀後半、江戸幕府は「洋書税」を計画していました。

これは、幕府が西洋からの書物を独占的に輸入し、税を課したうえで販売しようというものでした。「開国し西洋の文化が広まれば、洋書の需要が高まるはず」と考え、洋書を財源にしようとしたのです。


幕府は、慶応3（1867）年にアメリカに使節を派遣した際、洋書を大量に購入しようとしました。需要が高まるであろう洋書を、日本に流通させるためです。

このとき、洋書の買い入れを命じられたのが、使節団の一員だった福沢諭吉でした。彼は当時、数少ない英語通訳者として幕府に採用されていたのです。

諭吉は、まともな教本もない中で苦労して英語を勉強してきていました。そして、「今の日本人には欧米の書物が必要」「できるだけ多くの日本人が欧米の書物に接して新しい文明を吸収すべき」と考えていました。

幕府は洋書を国民に広く普及させるべきであり、洋書を高く売ることなどはもってのほか。そう考える諭吉にとって、洋書税は到底、承服できるものではありませんでした。

そのため諭吉は、同行していた幕府の御国益掛の役人に噛みついてしまいました。「幕府が儲けるための手助けをしたくない」と。

当然、幕府としては諭吉を疎ましく思うようになります。この渡米旅行中、使節団の上層部は諭吉に「もうお前の役目は済んだから早く帰ったらどうだ」とまで述べます。

さすがに諭吉だけを先に帰すことはしませんでしたが、帰国後、諭吉は幕府の役職を解かれてしまいます。

こうした経緯により、明治維新のときには、諭吉は幕臣ではありませんでした。

しかし、もし諭吉が幕臣として明治維新を迎えていれば、その後の活躍はかなり制限されていたかもしれません。

諭吉は幕府側にも新政府側にもつかず、一心不乱に英語塾に情熱を傾けていました。その英語塾が、現在の慶應義塾大学の起源なのです。

明治初期につくられた「うさぎ税」

明治の初めのころ、東京で「うさぎブーム」が起きました。

富裕層や花柳界を中心に、外国の珍しいうさぎ（カイウサギ）を飼うことが大流行したのです。明治初期には外国のものを珍重する風潮があり、うさぎブームもその流れで起きていました。

うさぎを売買するための集会が各地で開かれ、珍しいうさぎには高値がつき、1羽が数百円（現在の貨幣価値に換算すると数百万円）で取引されたこともありました。

やがて、「うさぎバブル」も起きます。にわか業者が激増し、投機としてうさぎを飼う者も現れました。白いうさぎに色を塗っただけの、偽外国産うさぎを販売していた業者もいたようです。

しかし、うさぎの売買や飼育を禁止することはなかなかできませんでした。うさぎの売買には外国商人が関係していることが多かったのですが、当時の日本は外国人に対し強い規制をすることが難しかったのです。

うさぎ売買の集会を禁止するなどの策も講じたものの、秘密裏に行うようになるだけで効果はなく、ブームはますます加速していきました。

うさぎブームをどうにか収拾させるため、明治6（1873）年、東京府はうさぎに税金をかけることにしました。

うさぎ税は非常に高く、1羽につき月1円（現在の数万円）でした。また、無届けでの飼育が発覚した場合は、2円の罰金が科せられました。密告者に罰金の半額を与える、密告奨励制度などもつくりました。

このうさぎ税のために、うさぎを飼うのをやめる者や、東京から出ていく者も現れます。飼われていたうさぎの中には、かわいそうなことに、捨てられたり、食用にされたりしたうさぎも多数いたそうです。

この税金政策が功を奏したのか、うさぎブームはほどなく収束しました。そして6年後の明治12（1879）年にはうさぎ税も廃止されます。

「自転車税」は金持ちの税金

年配の方はご存じかもしれませんが、かつて、自転車にも税金が課せられていました。この自転車税は、現在の自動車税と同様に、自転車を所有している者に対して年額いくらかの税金がかかるというものです。

明治13（1860）年、それまで地域によってバラバラの取り扱いだった自転車税が、正式に導入されます。

明治時代、自転車を持つ人は少なく、自転車に乗ることはステータスシンボルでもありました。明治25年の税額は、国税が3円（現在の数万円）。地方の付加税もほぼ同額が課税されました。明治29年には国税が廃止され地方税となりましたが、税負担は変わりませんでした。

大正8（1919）年には、3円以上の納税者に選挙権が与えられます。すると、自転車を所有し、自転車税を払っている人は選挙権をもらえることになりました。

大正時代中盤から昭和に入ると自転車の普及が広まり、課税者も増えました。税額も徐々に上がり、もっとも高い地方では10円にもなりました。一流企業の初任給が70円程度の時代ですから、10円の負担は相当大きかったと言えます。それとともに、廃税運動も起きるようになりました。

しかし、戦争の足音が聞こえてくるようになった当時、戦費ねん出による財政不足もあり、廃止には至りませんでした。自転車税は、地方自治体の収入の大きな部分を占めていたのです。

昭和初期からは、自転車税の脱税も目立つようになっています。

自転車税は、所有者が自分で役所に届け、納税後は鑑札（現在の自動車で言うところのナンバーのようなもの）を自転車につけることが義務づけられていました。しかし、税金を払っていないからといって、自転車に乗れなくなるようなことはありませんでした。そのため、申告・納付をしない者が、自転車の普及とともに増大したのです。

当時行われていた脱税取り締まりの記録では、会社などの組織ぐるみで脱税をしているケースも多かったそうです。

その後自転車税は、昭和33（1958）年まで存続しました。50年代には自動車も普及し始め、庶民にとって欠かせないものとなっていたため、自転車に課税するのはもういいだろうということだったようです。

税率300％の「遊興飲食税」とは？

これも戦時中の話です。

戦時中は、軍費がいくらあっても足りません。そのため、国はなりふり構わず税収増に励みます。

その最たるものが、「遊興飲食税」でした。これは芸者さんなどを呼んで飲食するときにかかる税金で、「地方税」の一種として導入されました。

最初に遊興飲食税を課したのは大正8（1919）年の金沢市でしたが、次第に多くの府県が取り入れるようになります。昭和14（1939）年、この遊興飲食税は、国が地方からぶんどる形で国税に導入されます。

昭和14年は、日中戦争が長引き、英米との関係も険悪化していた時期です。日本社会も戦時色を濃くしており、「ぜいたくは敵だ」という風潮も生まれていました。「この大切な時期に、お座敷で芸者を呼んで遊ぶなど不謹慎だ」などの声も多く、国としても遊興飲食税を導入する大義名分が立ったのです。

税率は、芸妓に支払う花代については20％、その他の飲食代については10％でした。

当初、遊興飲食税の免税点は、1人につき1回5円以上の遊興飲食でした。免税点とは課税基準の一つで、免税点がある場合、価格などが免税点以下のときは免税されるということになっています。

しかし、すぐに免税点が引き下げられることになります。

昭和15（1940）年には、1人につき1回3円が免税点となり、昭和16年には、さらに1円50銭になりました。ちょっとした飲食をしただけでも課税されることになったのです。

税率も急激に上がります。当初の花代20％もかなり高い税率ですが、昭和15年には30％に引き上げられます。そして昭和16年には100％、昭和18（1943）年には200％、昭和19（1944）年には300％に跳ね上がったのです。

300%となると、1万円で飲食をした場合は3万円の税金が課せられ、合計4万円払うことになります。

ただし、この300%の税率には、罰金的な意味合いがあったとも見られています。同時期の昭和19年、内務省から「高級享楽を休止せよ」と命令が出ており、高級料亭、芸妓、カフェ、バーなどは休業を余儀なくされていました。芸妓の多くは休業となるはずであり、それでも営業を続けている店を締め上げるための高税率と考えられるのです。

が、これだけの高い税金が課せられても、まだ芸者遊びをする人はいたようです。当時は戦争特需によって儲かった人が増えていた一方、物資の統制が始まり、自由にものを買いにくくなっていました。お金の使いようがなく、お金が余っている人も多かったのです。

昭和18年の国の租税収入は約85億円でしたが、そのうち遊興飲食税は7億5000万円もありました。つまり、租税収入の約9%を遊興飲食税が担っていたのです。もはや、税収の柱の一つになっていたと言えます。

鉄道などの切符にかかった「運賃税」

戦時中、国は財源を確保するために、鉄道や船などの旅客運賃に課税していました。いわば「運賃税」ですが、正式には「通行税」と呼ばれていました。

通行税が最初につくられたのは、日露戦争のときです。当初、通行税は「悪税」として国民から大きな反発を食らいました。

というのも、この通行税には、免税点が設けられていなかったのです。

当時、河川を運行する短い船便などがたくさんあり、市民の足となっていました。たとえば、東京の隅田川にかかっている永代橋から千住大橋までの船便は1銭で乗ることができ、「一銭蒸気」と呼ばれ親しまれていました。

ところが、この一銭蒸気にまで通行税が取られるようになったのです。しかも1銭の船賃に対して1銭の通行税が課せられ、都合2銭を払わなくてはなりませんでした。

そのため国民も反対運動を起こし、通行税は大正時代にいったん廃止されました。

昭和になり戦時色が濃くなると、通行税は復活します。が、新通行税は、国民から反発されないように免税点を設けていました。50キロ未満の3等切符には課税されなかったのです。

当時の切符には1等から3等までありましたが、庶民の多くは3等の切符を買っていたので、通行税を取られることはありません。都電や市電も非課税です。

また、新通行税の税率は、切符の等級と距離の長さによって税率が上がっていく「累進課税」でした。3等80キロまでは2銭、1等500キロ以上では1円80銭です。

等級の低い座席で少し移動するぶんには、免税されるか課税額が低かったのです。そのため、旧通行税ほど庶民の生活を圧迫することはありませんでした。

しかし戦争が激しくなるにつれて、免税点は下がり、税率は上がっていきます。

昭和15（1940）年には免税点40キロ未満になり、昭和19（1944）年には20キロ未満になりました。当時は、「不要不急の旅行は慎むべし」とされており、通行税にもそれが反映されたのです。

一方で、旅客量は激増していました。食糧難のため地方へ買い出しに出かけたり、疎開をしたりと、国民が鉄道を使う機会は増えていたからです。国民は、税金が課せられても仕方なく鉄道を使うことになってしまいました。

通行税は戦後廃止され、交通機関だけに絞った課税は現在行われていません（運賃に消費税は課せられています）。

散髪やパーマに課せられた「特別行為税」とは？

戦時中には、散髪やパーマなどにも税金が課せられていました。

これは「特別行為税」と呼ばれたもので、散髪、パーマなどのほか、写真の現像、服の仕立て、書画の表装、印刷製本なども課税対象になりました。現在では日常的な行為ばかりですが、戦時中にはぜいたく＝特別行為と見なされたのです。

当初、税率は印刷製本が20％、そのほかが30％でした。

散髪には例外的に免税点が設定されており、1円未満は課税されていません。当時の散髪料金は1円未満だったので散髪で課税されることはあまりなく、パーマなどが対象になっています。

戦時中は「ぜいたくは敵だ」という標語のもと、国民に質素倹約を強いていました。パーマは、その恰好のやり玉に挙げられたのです。

パーマにだけ課税されるうちはまだ良かったのですが、戦局が悪化するうちに、これまた免税点が引き下げられることになり、料金80銭以上が課税対象となりました。また、税率も30%〜50%に引き上げられました。

この免税点引き下げに伴い、散髪も課税対象になっていったのです。理髪店は、これまで顔そりや洗髪などをセットで行ってきたものを、すべてサービスごとの料金設定に変え、80銭未満に収まるような工夫をしました。

この特別行為税だけで、昭和19（1944）年には1億1000万円の税収となりました。遊興飲食税ほどではありませんが、それなりに重要な財源となっていたのです。

温泉に入るときにかかる「入湯税」

日本には温泉がたくさんあり、昔から日本の小説や映画、ドラマなどには温泉がたびたび登場しています。

そんな、日本人にとって心のふるさとでもある温泉ですが、入るときに税金がかかっているのをご存じでしょうか？

温泉に入るときにかかる税金を、「入湯税」と言います。市区町村が徴収する税金で、1人1日150円が基準となっています。が、観光地では割増しになっていたり、地元の人が日帰りで使う温泉などは、減額になったり免除になったりもしています。

温泉には江戸時代から税金が課せられており、明治以降も地方税として各地で課税されていました。戦前は温泉だけではなく、銭湯にも課せられるケースもありました。

戦後になると、入湯税は整理され温泉だけに課せられるようになり、昭和25（1950）年からは市区町村が徴収する税となりました。


昨今、温泉は観光などで行くことが多く、一泊数千円から数万円の宿に泊まることがほとんどなので、150円の税金には気づかない人も多いようです。が、旅館やホテルの領収明細をよく見てみると、入湯税の記載がされています。

近くに温泉があって毎日行く人や、長逗留《ながとうりゅう》して湯治するような人にとっては1日150

円も負担になるかもしれません。ただ、そういう場合は減額されることが多いようです。

東京に泊まると課せられる「宿泊税」

入湯税と同様、観光客に課せられる税金として「宿泊税」があります。

宿泊税はその名の通り、ホテルや旅館に宿泊すると課せられる税金で、平成14（2002）年に東京都が初めて導入しました。税額は、宿泊費が1万円以上・1万5000円未満の場合に100円、1万5000円以上が200円です。1万円未満の場合は免税となります。

これらの対象となるのは、素泊まりの料金のみです。食事付きの場合は、食事代を引いた部分が課税対象となります。

この宿泊税を導入したのは、石原慎太郎元都知事でした。導入するときには反対もあり、当時の鳥取県知事から「東京都で開かれる会議には出席しない」と噛みつかれたこともありました。宿泊客が東京周辺の県、神奈川、埼玉、千葉に流れるのではないか、という懸念もされました。

が、1万円の宿泊費にかかるのがわずか100円であることから、旅行者としてはそう負担になるものではなく、現在ではすっかり定着しています。

ただしそのぶん税収も大したことはなく、令和3年度予算でわずか7億円に過ぎません。東京都の税収は5兆円以上ありますので、0・01%ちょっとにしかならないのです。

現在では東京にならって、大阪府、京都市、金沢市などもこの宿泊税を導入しています。どこの地域もそれほど大きな税収にはなっていませんが、少しでも税収を確保したいということなのでしょう。

ゴルフをするときにかかる「ゴルフ場利用税」

昨今では、若い人や女性にも人気があるゴルフ。バブル時代は接待のイメージが強かったのですが、最近では純粋にスポーツとして楽しむ人も増えているようです。

ゴルフ場を利用するときは、「ゴルフ場利用税」という税金がかかります。税額はゴルフ場によって違い、ゴルフ場の規模などで等級が定められています。一番低い8級では400円、一番高い1級では1200円といった具合です。

ゴルフ場利用税は、都道府県と市区町村の税金です。税収の配分は、都道府県が3割、市区町村が7割。税収は、年間総額で約500億円です。都道府県と市区町村にとっては大事な財源となっています。

ゴルフ場利用税がかかるのは、「18ホール以上あり、かつホールの平均距離が100メートル以上の施設及びホールの数が9ホール以上、かつホールの平均距離がだいたい150メートル以上の施設」ということになっています。狭くて9ホールしかないような、練習用として使われるゴルフ場などは課税の対象外なのです。

またゴルフ場利用税は、18歳未満や70歳以上の人には課せられません。

2022年現在、団塊の世代は73〜75歳ぐらいです。この世代は若い頃ゴルフが大ブームになったので、免税となるのはありがたいかもしれません。

図1　ゴルフ場利用税の税額

等級	税額
1級	1,200円
2級	1,100円
3級	1,000円
4級	900円
5級	800円
6級	600円
7級	500円
8級	400円

寺社の大反対でつぶれた京都の「古都保存協力税」

1980年代、京都はある税金のことで揺れていました。その税金が、「古都保存協力税」です。

古都保存協力税とは、京都市が文化財保護の財源として、市内40の寺社仏閣の参拝客に課した税金です。昭和60（1985）年に創設され、参拝客1人につき1回50円を寺社仏閣が徴収する仕組みになっていました。

古都保存協力税は、昭和57（1982）年に京都市から構想が打ち出されたのですが、これに対して市内の寺社仏閣が猛反発しました。

形式的には参拝者が負担する税金なので、寺社仏閣側の負担はありません。しかし、寺社仏閣が徴収するものなので、参拝者側としては寺社仏閣に支払うことになります。参拝者の負担が増すと、お布施やお賽銭の額に影響するかもしれません。寺社仏閣側はそれを懸念したわけです。

「50円の徴収なんて、大したことはないのでは?」と、思う人も多いでしょう。しかし、それまで税金を払ってこなかった寺社仏閣側としては許せない問題でした。

寺社仏閣は、それまで「税金は免除されるのが当たり前」となっていました。お布施やお賽銭には原則として税金はかかりませんし、寺や神社の土地、建物の固定資産税も免除されています。

宗教施設には税金を払わなくていい特権のようなものがあり、寺社仏閣側はそれを侵されると感じたのかもしれません。なんと、この税金の導入をめぐって裁判沙汰にまでなっています。

対象の寺社仏閣が、「古都保存協力税は信教の自由を侵す」として、京都市を訴えたのです。この裁判では、「古都保存協力税は参拝者が負担するものであり、常識の範囲内なので信教の自由を侵さない」という判決が下りました。

が、寺社仏閣側の反発は非常に強く、拝観客の受け入れ停止などを行うところも現れました。京都市としても無理に続けるわけにはいかず、古都保存協力税はたった3年で廃税となっています。

池袋の「ワンルームマンション税」

豊島区はこれまで、人口問題に悩んでいました。

豊島区は、世帯の63％が単身という、異常な「独身者集中地域」です。そして30㎡未満の狭い住宅（ワンルームマンションなど）が、全体の住宅の40％を占めています（豊島区ホームページより）。いずれも、東京23区でトップクラスです。

狭い住宅が多いから単身者が多いのか、単身者が多いから狭い住宅が増えたのかはわかりません。とにかく、若い人は増えても子どもは増えず、外国人や学生など「いずれ出ていく人」ばかりが住む場所となっているのです。

「豊島区に定住する人を増やしたい。そのためには単身向け住宅を減らし、ファミリー向け住宅を増やさなくてはいけない」。そう考えた区は、2004年に「狭小住戸集合住宅税」、いわゆる「ワンルームマンション税」をつくります。

納税義務者となるのは建築主です。課税の内容は、「30㎡未満の部屋を持つ集合住宅を建設した際に、1戸あたり50万円を課す」というものです。

8戸以下の集合住宅は免税となるため、アパートなどは免税となる可能性が高くなります。必然的に、ワンルームマンションが主な課税対象になるわけです。

しかし、人口動態はすぐには改善されなかったようです。

豊島区は2014年、国家戦略を検討する日本創成会議から、東京23区で唯一「消滅可能性都市」の認定を受け、「2040年に消滅する可能性がある」と指摘されました。

消滅可能性都市とは、少子高齢化の加速などにより、自治体として維持できないほどの人口減に見舞われる地域のことを指します。人口動態だけではなく、さまざまな条件を分析したうえで認定が行われました。

日本創成会議は、日本のシンクタンクである公益財団法人「日本生産性本部」によってつくられたものです。民間の団体ではありますが、公的な性質も有しています。そういう団体から消滅可能性都市の認定をされたことで、豊島区の関係者も相当のショックを受けたようです。

豊島区は、日本有数の繁華街・池袋を擁した東京の中枢区です。消滅可能性とはもっとも縁遠い場所だと見られていました。そのため日本創成会議からの認定は、かなり衝撃的なニュースとして取り上げられました。

それにしても池袋を擁する自治体が消滅可能性都市の認定を受けるとは、日本人としては非常に怖い気がしますね。日本の少子高齢化はここまで進んでしまったのか、と。

都市部の住民にだけ課せられる「都市計画税」とは?

都市部では、固定資産税に上乗せする形で「都市計画税」が課せられています。これは都市計画法で「市街化区域」(栄えている地域、今後整備が進められる地域)として定義された土地、建物などに課せられるものです。

都市計画税は使途に明確な目的を持つ「目的税」であり、税収は「公園・道路・下水道などの都市計画事業や土地区画整理事業に充てられる」ということになっています。

納税するのは土地や建物の所有者です。ただし賃貸の場合も家賃にこの税金が含まれるので、実質的には都市部のすべての住民は負担していることになります。

固定資産税の場合は、税率が1・4%に固定されており、自治体によるばらつきはあまりありません。一方で都市計画税は、各自治体によって税率などが異なります。税率は0・3%が上限となっているのですが、0・3%までの範囲内で各自治体が自由に設定しています。

たとえば、東京23区の都市計画税の税率は0・3%ですが、隣接する千葉県松戸市の税率は0・23%。一方で、千葉県船橋市の税率は0・3%です。

船橋市と松戸市は同じ千葉県にあり、都心へのアクセス時間もあまり変わらないにもかかわらず、都市計画税の税率はかなり違うのです。そのせいもあってか、家賃相場は船橋市の方が松戸市よりも1万円程度高くなっています。

日本の「消費税」は世界の非常識

消費税は、日本の税収の柱です。

ヨーロッパ諸国では日本よりも高い間接税がかかる国も多いので、「日本の消費税はまだ安い」と思っている人も多いのではないでしょうか？　また、「消費するときに誰にでも公平にかかるから、消費税は良い税金」と思い込んでいる人もいるかもしれません。

しかし世界的に見ると、日本の消費税は非常に欠陥の多い、非常識な税金なのです。


消費税は誰にでも同じ割合でかかるので、一見、公平のように見えます。

が、実際は所得が低い人ほど負担割合が増す「逆進税」です。

たとえば年間1億円の収入を得ている人が3000万円だけ消費し、残りの7000万円は預金するなど金融資産にしたとします。となると、この人の収入に対する消費税の負担割合は、3％ということになります。

一方、年収200万円の人は、年収のほとんどを消費に回してしまいます。となると、この人の収入に対する消費税の負担割合は限りなく10％に近くなるのです。

つまり、収入に対する税負担割合は、収入が低い人ほど高くなるのです。

これを所得税に置き換えると、どうでしょうか？　もし年収1億円の人の所得税を3％にし、年収200万円の人の所得税を10％にすれば、誰もが「おかしい」と思うはずです。というより、そういう税金は絶対に通らないはずです。

「間接税」というトリックに騙されて本質が見えにくくなっているだけで、実際には、貧困者ほど負担が増すようになっている。日本の消費税は、事実上、そういう状態になっているのです。

間接税には「逆進性」の欠陥があり、世界中のほとんどの国で、この欠陥についてきちんと対処しています。

とくに間接税が高いヨーロッパ諸国は、生活必需品については税率を非常に低く設定しています。標準の間接税を20%としているフランスでも、食料品は5・5%、医薬品は2・1%としています。

食料品などに対し、非課税にしている国も少なくありません。たとえば、イギリスの間接税は20%ですが、食料品や生活必需品は税率がゼロ。

EU加盟国のほとんどにおいて、標準の間接税は20%前後ですが、食料品などの税率は半分以下になっているのです。日本のように、食料品をたった2%しか減額していないような国は見当たりません。

またヨーロッパ諸国では、社会保障が日本よりはるかに充実しており、貧困者に対して手厚い保護があります。貧困者だけではなく、国民の多くが住宅補助などを受けられるなど、生活がしやすいのです。

たとえばフランスでは、全世帯の23%が国から住宅の補助を受けています。総額で、1兆8000億円です。イギリスでも全世帯の18%が住宅補助を受けています。その額、2兆6000億円です。

ヨーロッパの間接税が高いのは、貧困者に対して手厚い保護をしたうえでのことなのです。

一方の日本では、住宅支援は公営住宅くらいで、その数も全世帯の4%に過ぎません。日本政府は消費税を導入する際、「社会保障の財源として必要」と喧伝してきました。しかし、消費税が導入されると同時に、法人税、高額所得者の所得税は大幅に減税され、消費税はその減収ぶんを補うのにほとんど消えてしまいました。つまり、消費税は実質的に、富裕層や企業の減税のために導入されたのです。

かつての日本には貧困層がほとんどおらず、「1億総中流」と言われた時期もありました。

格差社会が問題視されるようになったのは、消費税が導入されて以降なのです。

もちろん格差社会になった要因はほかにもあるでしょうが、消費税もその一因であることは間違いありません。

第4章 一見ヤバいけど、実は合理的な税金

～古代ギリシャの脱税密告制度とは!?～

古代ギリシャの合理的な「富裕税」

歴史に名を刻むような大国、強国は、いずれも優れた税制度を持っています。紀元前8世紀ごろに成立したとされる、古代ギリシャも例外ではありませんでした。

古代ギリシャには、市民が負担する日常的な税金はほぼなかったようです。富裕層への課税はあったものの法的な義務ではなく、自発的に拠出する寄付金のようなものでした。戦費や公共物の費用などが生じた際は、富裕層による「公共奉仕」(=自発的納税)で賄われていました。

この公共奉仕に関しては、「アンチドシス」というユニークな制度がありました。これは、財産を持っている者に対し、公共奉仕(つまり寄付)を命じる制度です。そもそも社会からの無言の圧力があり、公共奉仕は強制に近いものだったのですが、アンチドシスによって法的にも命じることができたのです。

この制度のどこがユニークかというと、アンチドシスを命じられるのは、それなりの資産家だということがまず一つです。

昨今の世界では「貧富の格差」が全人類的な問題になっていますが、古代ギリシャでは格差を解消するような仕組みができあがっていたわけです。

もう一つが、アンチドシスを命じられても、逃れる手段があったということです。自分よりも資産を持っているのにアンチドシスを命じられていない人がいた場合は、その人を指名することができました。そして、どちらが多くの資産を持っているかを比べ、資産を多く持っている方が国家奉仕をするというのです。

たとえば、AさんがアンチドシスをU命じられたとします。すると、Aさんは「Bの方が俺より金持っているはず」と思い、Bさんを指名します。

指名されたBさんは、アンチドシスに応じるか、Aさんと財産の交換をしなければなりません。結果的に、財産を多く持っている方がアンチドシスを払う羽目になるのです。Bさんがアンチドシスにも財産の交換にも応じない場合は、裁判になることもありました。

アンチドシスは、富裕層に税を課すとともに、税を課すべき富裕層を密告する制度でもあったわけです。

いつの世にも、自分の資産を隠しうまい具合に税を逃れる人間はいるものです。古代ギリシャにも、そういうズル賢い者が多かったのでしょう。

そういうズルい奴を、資産家同士に告発させ合うことであぶり出すことができたというわけです。合理性を重んじたギリシャ人らしい、理にかなった方法ですね。

古代日本の「地方特産物税」とは？

私たちは小中学校の社会の時間に、古代日本には「租庸調」という税制があったと教わっています。簡単に言えば、米（＝租）、労役（＝庸）、布や特産品（＝調）を税として納めるというものですね。

唐の税制を真似てつくったものとされていますが、日本が独自に整えた部分も多く、古代としてはよくできた制度だったと言えます。

何がよくできていたかというと、日本全国の特色を調べ、その地域に合った税制になっていたことです。

朝廷に納める「租」については、その地域の特産物と交換されてから運ばれました。朝廷としても米ばかりではなく、いろんな特産物を送られた方が便利だったからでしょう。調達される特産物は、その地域により異なりました。たとえば相模国の場合、「商布6500枚、鹿皮20張、鹿角10枚、紫草3700斤」などと定められています。何をどれだけ調達するか、国ごとに設定されていたのです。

朝廷に送られるこれらの特産物は、荷造りされた後、「荷札木簡」と呼ばれる木の荷札が付けられました。荷札木簡には、特産物が調達された場所と品物、数量が記載され、しっかり管理されていたのです。

全国各地から布や特産品を朝廷に納める「調」についても同様です。調では絹、糸、綿、布、鉄、塩、海産物が対象になりますが、とくに繊維製品は「正調」と呼ばれ、重視されていました。繊維製品は当時の産業技術において最高のものであり、お金の代わりに取引されるほど貴重なものだったのです。

が、畿内の場合、「正調」はほかの地域の半分でいいということになっていました。畿内では塩や鉄、海産物といった「調雑物《ちょうぞうもつ》」が豊富に生産され、正調の代わりにそれらを納めたからです。杓子定規で徴収するのではなく、地域に応じ税の内容を変えていたのです。

それにしても、古代日本の税制はかなり細かく決められていたんですね。

細部まで規定がつくられていたのは、大和朝廷が各国の特産物や人口などをかなり詳細に把握していたということでしょう。古代日本、おそるべしです。

社会保険でもあった古代日本の租税

戦後の教育では、古来よりとかく重税で日本人は苦しんでいたと教わってきました。租庸調のために、国民は苦しい生活を余儀なくされていた、と。

しかし、これは真実ではありません。

というのも、税はそれほど簡単に徴収できるものではないのです。これは、税に携わった者ならば、誰でも知っていることです。

いくら国家権力を駆使したところで、重税をかけられれば民衆は必ず反抗します。そして民衆の反抗が強まれば、国家は運営できなくなります。

日本では歴史上、民衆からの突き上げで革命が起きたことは一度もありません。ということは、民衆がそこまで不満を持ったことはない、つまりは、それなりに税制はよくできていたということなのです。

そしてそれは、「租庸調」からも垣間見ることができます。

租庸調の「租」で徴収される米（稲）は、収穫高の3％程度です。古代世界の税としては、決して高いものではありませんでした。旧約聖書によると、古代エジプトにおいて課税率は収穫物の20％程度だったことになっています。

しかも、「租」は、一部は朝廷に送られたものの、ほとんどは国衙《こくが》（地方の役所）に保管されていたのです。そして国衙に保管された米は、「賑給《しんごう》」のために支出されます。

「賑給」とは、困窮する人々に米や塩、布などを支給する制度です。高齢者や貧困者への定期的な支援に使われたほか、災害や飢饉が起きた際にも賑給が行われました。つまり租税のほとんどは、地元住民の社会保障のためのものだったのです。

また、疾病が流行したときにも薬の支給などが行われましたが、薬の購入については、租を財源としていました。

また推古天皇元（593）年に聖徳太子は、貧者救済などを目的に、四箇院《しかいん》（悲田院、敬田院、療病院、施薬院）をつくったとされています。これは孤児や身寄りのない老人、貧しい人を収容し、食糧、医薬品などを与える施設です。

8世紀に建立された正倉院にも、光明皇后が献納した薬が残っています。これは施薬院を通じ、貧しい病人などに与えられたそうです。

このように日本の税制は、古代から社会保障制度とセットになっていました。

もちろん、いずれも現代のような包括的な社会保障となってはいません。大きな災害、飢饉のときには役に立たないこともありました。また、役人の不正により、機能しないこともしばしばあったようです。

それでもこの当時から、高齢者、貧困者、被災者を扶助《ふじょ》するシステムが国の制度としてあったことは注目に値します。

日本は「天皇」という古代からの王室が続いている稀有《けう》な国です。それは古代日本において、「民のことを考えた政治」が行われていたからかも知れません。

画期的だった明治日本の地租改正

明治維新後、新政府は大規模な税制改革を行いました。いわゆる「地租改正」です。

ざっくり言えば、これまで物納だった年貢をやめ、金銭による納税に変更するというものでした。

地租改正は、戦後の日本ではあまり評価されてきませんでした。中学校の教科書などでも、このように書かれています。

「地租改正は、米で納めていた年貢を、お金で納めるようにしただけであり、農民の実質的な負担は変わらなかった」

「金に替えなくてはならないため、農民にとっては負担になった」

しかし、これは大きな解釈誤りです。

大局的に見れば、地租改正は、経済成長や国民生活の向上に大きく貢献しているのです。

まず金銭による納税は、農民のインセンティブを大きくしました。

江戸時代の年貢では、収穫高に応じて年貢率が定められたので、頑張って生産量を増やしてもそのぶんだけ年貢が増えました。

しかし地租改正後は、収穫高に応じて税額が決められるのではなく、あらかじめ決まった額の税金を納めるだけで済みます。頑張って収穫を増やせば、増えたぶんだけ自分の取り分になるのです。そのため農民の勤労意欲は高まり、生産量が増加しました。

また、あまり語られることはありませんが、地租改正には「農地解放」の側面もあります。というより、世界史にも例を見ない大規模な農地解放だったのです。

江戸時代まで、土地の所有者となっていたのは藩主や藩士です。藩主の土地が藩士へと分け与えられ、農民はその領地を耕作するだけの存在でした。本来は、明治になっても土地の所有権は武士にあっておかしくないのです。

が、明治2（1869）年の「版籍奉還」で、旧幕府や各藩は領地を新政府（朝廷）に返しました。明治新政府はその領地を国土として編入し、所有権を農民に与えたのです。

つまり、武士階級が所有していた土地を全部取り上げ、農民に無料で与えたことになります。これは、欧米の歴史観で言えば「農地解放」そのものです。

それも日本全国の土地を、その土地を耕作していた農民たちに分け与えたのです。これほどの大規模な農地解放は、地租改正のほかにないと言えます。

「農地解放」と聞くと、小作人に土地を与えた、戦後の農地解放のことをイメージする人も多いでしょう。しかし戦後の農地解放は、実はそれほど大規模ではありません。

当時の小作地は全農地の46％に過ぎず、小作農（耕作地の半分以上が小作地）も農民の半分以下。46％の小作地を小作人に分け与えただけのものであり、日本の全農地を分け与えた地租改正と比べると、はるかに規模が小さいのです。

この地租改正は、農民のインセンティブを拡大させ、日本の農業を飛躍的に発展させました。明治6（1873）年と明治45（1912）年を比べると、米の収穫量は2倍以上に倍増しているのです。

当時、フランスの大蔵大臣で経済学者でもあったレオン・セイは、日本の大蔵大臣だった松方正義から地租改正の話を聞き、「租税改革として最善の策だ」として称えました。そして、「フランスでも参考にしたいので、詳しい経緯を文書にして送って欲しい」と要請したそうです。

日本の「ぜいたく税」が廃止された理由

あまり顧《かえり》みられることはありませんが、日本で消費税が導入される際、非常に効率的だった税金が一つ廃止されています。

それが、「物品税」です。

物品税は、簡単に言えば〝ぜいたく品税〟です。対象となるのは、装飾品、車、娯楽スポーツ用品、家電、テレビ、楽器、カメラ、家具、時計、喫煙用具、鞄類、化粧品などなど。これらに対し、3%から30%の税金が課されていました。

物品税は戦後すぐに導入され（戦前にも原型はありました）、国民生活にはすっかり根付いていました。当時、国民の消費はおおむね上向き傾向だったので、物品税があってもさほど国民生活は圧迫されなかったようです。

ぜいたくなものに税金が課せられたことは、格差社会を防ぐうえでも効果がありました。ぜいたく品に対する税金は、必然的に高額所得者が負担することになるからです。

また物品税は、徴収方法もきちんと整備されており、徴税効果も高かったようです。課税対象となる業界は限られており、税務署はその業界だけをしっかり見張っていれば良かったからです。消費税と比べ、格段に効率的な税金でした。

物品税の税収は、2兆円もありました。消費税の導入時の税収は4兆円台だったので、物品税をちょっと拡充すれば消費税などつくらなくても良かったはずです。

しかし政府は、この貴重な物品税を手放し、消費税を導入してしまいました。

日本の消費税は、3章の最後で触れた通り、非常に不合理な税金です。日本で貧富の格差が問題になったのは、消費税導入以降のことです。もちろんほかにも原因があるでしょうが、貧富の格差に消費税が大きく関係していることは間違いないでしょう。

日本はなぜ、合理的な物品税を廃止し、不公平な消費税を導入したのでしょうか？

「何を物品税の課税対象とするかの基準があいまいだったから」などと説明されることもありますが、ほかにも理由があります。それは、「物品税の対象となる業種の関連団体が、執拗に陳情《ちんじょう》を行うなどをして政治家に働きかけた」ということです。物品税の対象団体である自動車メーカーや家電メーカーは、日本の主流産業でもあったので、政治経済における発言力も強かったのです。

ぜいたく品のメーカーなどにとって、商品に税金が課されることは面白いことではありません。そのため物品税の廃止を訴え、代わりにあらゆる商品に税金をかけさせたのです。

自分だけでなく皆に損をさせようというのが、いかにも日本的な理由ですね。筆者には、消費税が近年の日本の衰退を象徴しているように思われてなりません。

イタリアは「ポルノ税」で財政再建した？

イタリアでは、ポルノ映画・ビデオ、ポルノ雑誌などのポルノ産業に税金が課せられています。これは2008年に導入され、税率は、ポルノ作品の売り上げに対して一律25%です。

2000年代のイタリアは、リーマンショックで大きな打撃を受け、深刻な財政危機に陥っていました。財政赤字が一定の水準を超え、EUから是正の勧告を受けていたほどです。

　そのためイタリアはなりふり構わず、税収を増やさなくてはなりませんでした。所得税や間接税の税率を上げたり、新たな税目をつくったりしました。ポルノ税も、その一環として導入されたのです。

　イタリアは、早くからポルノ産業が発達した国です。最近は日本でもセクシー女優がタレントとしてテレビで活躍することも増えていますが、イタリアでは1980年代ごろからそうした風潮がありました。1987年にはポルノ女優のチチョリーナ（シュターッレル・イロナ）が国会議員となり、世界中でニュースになっています。

　ポルノ税が導入された当時のイタリアでは、ポルノ産業の総売り上げが10億ユーロ（日本円で約1300億円）もありました。これに25％の税金をかければ、それなりの税収を得ることができたのです。このポルノ税の貢献もあり、2000年代のイタリアの財政危機は回避されました。

ロンドンの渋滞を解消させた「渋滞税」とは？

イギリスの首都ロンドンには、「渋滞税」というユニークな税金があります。

この渋滞税は「コンジェスチョン・チャージ（Congestion charge）」と呼ばれ、ロンドンの一部地域を通行する自動車に課せられます。ロンドンの渋滞を解消すること、環境問題に貢献することを目的とし、２００３年につくられました。

渋滞税の対象となる地域には標識が掲げられています。その地域に入ると、１日ごとに税金が課税されることになっているのです。ただし、バスやタクシーなどの交通機関の車両は免税となっており、電気自動車やバイクなども非課税となっています。

当初、税額は5ポンドでしたが、現在は15ポンド（日本円で約２２５０円）です。納税した車はナンバープレートが当局に登録されます。課税エリア内には車の監視カメラがいたるところにあり、納税していない車を摘発する仕組みになっています。

2000円以上も取られるとなると、よほどの用がないと行きませんよね。ロンドンでは渋滞税が導入されてから、車の交通量は15％減少し、渋滞は30％も緩和されました。この事例は今後、世界中の大都市が参考にするかもしれません。

犬を飼っている人にかかる「犬税」

犬は、太古から人類の良き相棒でした。番犬をしたり犬ぞりを引いたり、人の生活に役立つ働きをし、ときにペットとして人を癒す存在でもあります。

現在も、犬は世界中でもっとも飼われているペットです。世界全体のペットのうち、3分の1が犬だったというデータも見つかりました。

そして、世界には犬に税金を課している国があります。たとえば、ドイツ、オランダでは1頭につき1万円程度、中国では2万円程度の税金が課されています。

犬税は、安易に犬を飼うことを防ぐ効果があり、犬の糞などの処理経費にも充てられています。ドイツでは犬税のおかげもあって、捨て犬などの殺処分が少ないそうです。

中国では2000年代、国が豊かになるとともに、犬を飼う人が猛烈な勢いで増え、犬の糞や鳴き声などが社会問題になっています。そのため、上海では一時、1頭6万円もの高額な犬税が課せられました。現在は1万数千円で落ち着いているようです。

日本でも、犬に税金が課せられていた時期がありました。明治時代にすでに犬税は存在し、一部の地域では昭和50年代まで残っていたそうです。

この犬税は府県に課せられた地方税で、地域ごとに課税の仕組みが違っています。当時は狩猟のために飼われる犬も多かったのですが、そうした実用の犬は税率が安く、ペット用の犬は税率が高いという傾向がありました。

また非常に面白いことに、京都府や群馬県では狆《ちん》の税率だけ、そのほかの犬の税率よりも高く設定されていました。というのも、昔の日本では、上流階級や花柳界の間で狆をペットとして飼うことが流行していたのです。芸者さんなどがよく飼っていたそうで、狆は可愛らしくおしゃれというイメージがあったのでしょう。現代のキャバ嬢が、プードルやポメラニアンを飼うのと似たようなことでしょうか。

現在も狆を飼う人はたくさんいますが、ほかにも珍しい犬種がたくさん登場し、狆だけが特別な犬種という感じはなくなっています。

日本の犬税は、昭和50年代に一応、廃止されました。が、現在も形を変えて残っています。現在では、犬を飼う場合に、誰でも3000円の登録料を払わなければなりません。この登録料は、犬に関するさまざまな社会経費に使われているようですが、法律に定められた義務であり、事実上の税金と言えます。

日本にはこういった「税金という名はついていない事実上の税金」がけっこうあります。たとえば、NHKの受信料などもそうですね。

「タバコ税」の税収は相続税と同じ

税金は、「国の財源を確保する」という目的だけではなく、「国を良い方向に導く」という目的によってもつくられます。

たとえば、体に悪いものに高い税金をかけ、摂取を控えさせる場合です。

代表的なのは「タバコ税」でしょう。タバコが体に悪いということはかなり以前から言われており、世界的にも禁煙の機運が高まっています。

タバコに対し、高い税金を課している国も少なくありません。イタリアでは約70％、フランスやイギリスでは約80％と高率です（２０２１年、ＷＨＯの報告書より）。日本でも、タバコには消費税と合わせて約62％の税金が課せられています。


タバコ税は、増税しやすい税金でもあります。「文句を言う人がいない」からです。タバコの害が宣伝されているので、タバコの生産者やＪＴ（日本たばこ産業株式会社）なども増税に反対しづらいのです。そのため、タバコ税は急激な勢いで増税されてきました。

１９８５年、タバコ１本に課せられる税金は１円ちょっとでした。20本入り１箱であれば、20円程度しか課税されなかったのです。

しかし２０２２年現在、タバコ１本に課される税金は14円を超えています。20本入り１箱で３００円近い税金が課されているのです。この30年で、タバコは倍以上に値上がりをしています。

おかげで、タバコ税の税収も相当なものになっています。20年以上、２兆円前後を維持しているほどです。

税収2兆円は、相続税の税収とほぼ同額です。つまり、金持ちが遺産をもらったときに払う税金と、喫煙者が日々支払っているタバコ税は同じくらいの税収を上げているのです。

喫煙者は、国家に貢献している存在であるとも言えます。

肥満を防ぐ「ポテトチップス税」

世界を見ると、「体に悪いものに課す税金」はタバコ税のほかにもけっこう存在しています。その一つが、ハンガリーの「ポテトチップス税」です。

ヨーロッパのなかほどに位置するハンガリーは、美食の国としても知られています。ハンガリー人は朝からクリームチーズ、バター、卵などを多用した料理をたくさん食べ、昼も夜も豪勢な食事をします。

ハンガリー人は、昔からラードなど脂分の多い食事を好む傾向にありました。そのためヨーロッパの中でも肥満度が高く、男性の4人に1人、女性の5人に1人が肥満です。

ご存じのように、肥満はさまざまな病気の原因になり、寿命を縮める原因になります。ハンガリーは、心臓病の割合が高い国であるという調査結果もあります。

肥満問題を解消するため、ハンガリーでは2011年からポテトチップス税が導入されました。これはポテトチップスのほか、ケーキ、アイスクリームなどの太りやすいお菓子に対し税金を課すものです。

税率はお菓子の種類によって違い、5%~20%となっています。ポテトチップスの場合、1キロあたり約80円です。このポテトチップス税のために、ポテトチップスは20%も値上がりしました。

ハンガリーのほかにも、ルーマニアや台湾で「ジャンクフード税」が導入されています。また現在、導入を検討している国もあります。

アメリカで猛反対を受けた「ソーダ税」

ポテトチップス税と同様、肥満を防ぐ税金として「ソーダ税」もあります。

これは、ソーダのような加糖飲料に課せられる税金です。ソーダ=炭酸飲料には砂糖などの肥満に結びつく物質が多量に含まれることが多いため、税金を課すことでその消費を減らそうというわけです。

ソーダ税は、フランスやメキシコなどいくつかの国で導入がされています。フランスでは炭酸飲料1缶につき約1円、メキシコでは1リットルあたり約5・5円だそうです。

ソーダ税は、それなりに健康に寄与することがわかっていますが、継続が難しい税金でもあります。

というのも、炭酸飲料は嗜好者が多く、産業も大きいので反対者が多いのです。また炭酸飲料は、貧困層から中間層に広く愛飲されており、とくに貧困層によく飲まれる傾向にあります。つまり炭酸飲料への課税は、貧困層、中間層の税負担を増すということにもなるわけです。

アメリカでは2017年8月、イリノイ州のクック郡において、肥満対策としてソーダ税が導入されています。税率は300㎖あたりに約10円と、フランスやメキシコに比べると高率でした。

このソーダ税により、クック郡では炭酸飲料の消費量が約20％も減少したそうです。が、このソーダ税はわずか4か月しか持ちませんでした。関係各所からの猛反対があり、撤回せざるを得なかったのです。

デンマークで失敗した「肥満税」

デンマークには、かつて「肥満税」というものがありました。

これはポテトチップス税やソーダ税と同様、健康に配慮したもので、飽和脂肪酸（コレステロール値を高めるとされる脂質）に課せられる税金でした。国民の健康に配慮する目的とともに、税収確保のために2011年に導入されました。

肥満税では、飽和脂肪酸が2・3％以上含まれる食品が課税対象となります。税率は飽和脂肪1キロにつき16クローネ（約220円）と、なかなかの高額でした。

この肥満税により、250gのバターが2・2クローネ（約30円）以上も値上がりしたそうです。しかも、バターや牛乳、ピザ、油、肉、総菜など、飽和脂肪を含むすべての食品が課税対象となっていました。

肥満税は、デンマーク市民の生活に大きな影響を及ぼしました。

税の導入直前には、食料品が大量に買い占められます。導入後にも食料品が高騰し、中間層以下の人々がダメージを受けました。

また、ドイツ国境に接する地域の住民は、こぞってドイツで買い物をするようになりました。デンマークはＥＵに加盟しているため、国民は普通にドイツで買い物ができます。結果、自国の食品産業がダメージを受け、ドイツの食品業者を潤すことになります。政府がもくろんだほどの税収は確保できず、国民にも大不評だったため、デンマークの肥満税はわずか1年で廃止されてしまいました。

フランスのソーダ税のように1缶1円程度の税金ならばともかく、２５０ｇのバターが30円も値上がりすれば、国民も我慢できないでしょう。この手の税金は、あまり高率だと失敗するということかもしれません。

第5章

皆が知らない「ヤバい税金」事情

～犯罪の収益にも所得税がかかる!?～

金持ちをパニックにさせた終戦直後の「財産税」

戦前の日本には、「財閥」がありました。

財閥がどれほどの財力を持っていたのかを示すものに、「旧財閥邸」があります。

現在の東京には、旧財閥家の邸宅が博物館や記念館などになった施設がたくさんあります。たとえば、上野公園の近くにある「旧岩崎邸庭園」や、東京都北区にある「旧古河庭園」などです。

「旧岩崎邸庭園」は、東京の一等地に建てられた、広さ1万6000㎡にも及ぶ大邸宅です。外国人が設計した西洋風建築物で、ビリヤード場まであります。訪れたことがある人は、その広さに驚かれたのではないでしょうか。

この大邸宅は、岩崎家が所有していた邸宅のほんの一部に過ぎません。しかも、岩崎家の財産の大半は、不動産ではなく株券でした。岩崎家の財力がいかに大きかったかが伺えます。

なぜこのような大金持ちが生まれたかというと、理由はいろいろありますが、税金も大きく関係しています。戦前は酒税などが税収の柱となっており、法人税、所得税、相続税などは今よりもかなり安かったのです。金持ちは自分の収入をそのまま蓄え、子孫に繋ぐことができたので、資産が雪だるま式に膨れ上がりました。

しかし、この財閥たちも、戦後に大きなしっぺ返しを食らいます。

戦時中、多くの財閥系企業は軍需生産を行っており、戦争に協力的でした。また、財閥への富の集中は国民の不満を招き、それが戦争へと向かっていました。戦争が起きれば一時的に景気が良くなったので庶民は戦争を欲するようにさえなったのです。こうした理由により、財閥は「重要戦犯」とされました。

さらに、「財産税」も課されます。これは昭和21（1946）年に臨時で一度だけ課税された税金で、所有する財産に対して課されました。

財産税の対象となったのは、日本国内に所有している金融資産、不動産、骨とう品など「金目のものはすべて」でした（朝鮮半島、台湾など、日本がポツダム宣言受諾によって手放した地域の資産は含まれません）。

最高税率は90％。自分の財産の9割が持っていかれるのです。最高税率の対象となったのは、資産1500万円超の大資産家でした。

当時の物価は、だいたい現在の100分の1です。資産1500万円は、現在の貨幣価値にすれば150億円程度ということになります。現代で言えば、ZOZOの前澤友作元社長やソフトバンクグループの孫正義会長などが対象になるイメージです。

1500万円のような大資産を持っていたのは、東京に広大な土地を抱えるような財閥家や皇族、華族などでした。「旧岩崎邸庭園」や「旧古河庭園」は、この財産税の課税時に没収され、公有地にされたのです。


ちなみに、財産税で多額の資産を没収されたのは、大規模な財閥や華族だけではありません。ちょっとした資産家たちもパニックに陥っていました。

この財産税では、100万円以上の資産に対しても70%の高税率が課せられています。100万円というと、今の貨幣価値にしてだいたい1億円。街中に少しの不動産を持っているような人も対象になったのです。

財産税の課税基準となったのは、昭和21（1946）年3月3日時点の所有財産です。この税の草案が発表されたのは昭和21年の1月10日ですが、それ以前から財産税の噂は市中に流れていたようです。

資産家たちは、税の施行前に急いで不動産を売り払いました。現金ならば隠しようがありますが、不動産や預貯金は隠しようがありません。預貯金は当時、凍結されていましたから取り出すことはできず、せめて不動産を売り払おうと動いたのです。

この時期、貸家の家主が借家人に対し、借家を購入しないかと持ちかけるケースが相次いでいました。家主としては、半分以上が税金で取られるくらいなら、それより少しでも高い値段で売っておいた方がいいということだったのです。だからこの時期に持ち家を手にする人も多かったのです。資産の大半を徴収されてしまうものだから、必死になったようですね。

図2　財産税（1946年）の税率

財産	税率
10万円超～11万円以下	25%
12万円超～13万円以下	30%
13万円超～15万円以下	35%
15万円超～17万円以下	40%
17万円超～20万円以下	45%
20万円超～30万円以下	55%
30万円超～50万円以下	60%
50万円超～100万円以下	65%
100万円超～150万円以下	70%
150万円超～300万円以下	75%
300万円超～500万円以下	80%
500万円超～1,500万円以下	85%
1,500万円超	90%

なぜ日本の会計年度は4月始まりなのか？

現代日本において、官庁や学校の新しい年度は4月から始まることになっています。大企業も3月決算を採っているところが多く、会計は4月から始まり3月で締められます。「年度」と言えば、日本では、4月から3月までというのが半ば常識です。が、これは不思議だとは思いませんか？

普通に年で区切るならば、1月から12月で年度とする方がわかりやすいはずです。実際、「年」と「年度」が違うために起こるトラブルもしばしばあります。

あるいは、世界標準に合わせるのであれば欧米の年度は9月から始まることが多いので、9月から8月を年度とする方が便利なはずです。欧米に留学する人などは、欧米の9月の新学期に合わせようとすると、日本の学年が中途半端になって困るケースも少なくありません。なぜ日本の年度は、「4月始まり3月締め」となったのでしょうか？

官庁の事業年度が初めて制度化された明治2（1869）年、事業年度は「10月始まり9月締め」となっています。それが明治6（1873）年からは1月始まりに、明治8（1875）年からは7月始まりになりました。明治維新から8年間で、2回も事業年度が変わっているのです。

7月始まりの事業年度は10年ほど続きますが、明治19（1886）年に4月始まりとなり、以降、明治政府は事業年度の変更をしませんでした。

その結果、4月始まり3月締めという事業年度が、国中に浸透していき、学校や企業もそれに合わせて4月始まり3月終わりになったのです。

明治新政府が事業年度をコロコロ変えた背景には、実は「財政問題」があります。

明治前半の日本の財政は、非常に不安定でした。「版籍奉還」によって日本全土の税徴収権は藩から新政府に移っていたものの、旧武士たちにはまだ俸禄《ほうろく》を払う必要があります。さらに萩の乱、西南戦争などたびたび内乱も起き、出費はかさむばかりでした。明治前半の財政は綱渡りだったのです。

苦肉の策として新政府は、財政赤字になりそうな年度には、会計月を変更することでごまかしました。会計締めの月を前倒しにし、会計年度を短くすることで、年度の後半で発生するはずの歳出を次の年度に先送りしたのです。そして次の年度は歳出を削減することで、赤字が出ないように埋め合わせをするというわけです。

そうしたことを明治の前半だけで実に3回も行い、ようやく財政が安定するようになった1880年代、4月始まりが定着したのです。当時、明治新政府の財政事情がいかに危なかったかがわかりますね。

「酒税」だけで日清戦争の軍費を賄った⁉

日本は明治維新以降、急速な勢いで近代化し、強力な軍をつくり、幾度も戦争をしました。もちろん莫大な経費がかかったはずですが、財源はどこから賄ったのでしょうか？

意外に思われるかもしれませんが、その柱となったのが酒税なのです。

もちろん、酒税だけで財源を賄ったわけではありません。が、酒税が戦前日本の税収の大きな柱だったことは間違いないのです。

明治8（1875）年2月、地租以外の諸税の整備が行われました。地租だけでは財源を賄えないし、不安定となってしまうからです。

また、地租の負担は主に農民に課せられており、不公平でもあります。そのため政府は、税制の柱を地租からほかの税目に移していきました。

江戸時代、年貢以外には正式な税金はありません。ただ、運上冥加金《うんじょうみょうがきん》などとして、さまざまな物品に1500～1600種にも及ぶ「税もどき」が課せられていました。明治新政府は、この税もどきを整備して近代的な税制に組み込もうとしたのです。

諸税の整備により、酒税、タバコ税などが創設されました。これらの新税が、明治時代の中盤以降、国家を支える重要な財源に成長することになります。

とくに酒税は、政府にとって非常に便利な税金でした。

酒税に対し、国民はそれほど文句を言いませんでした。酒は、国民生活にはなくてはならないものですが、生活必需品というほどではありません。また、酒を飲む機会が多い人（つまりは金持ち）ほど、多額の税金を負担することにもなったのです。

そのため明治新政府は、財源が不足するたび、酒税を増税して賄うようになります。

たとえば、日清戦争の12年前にあたる明治15（1882）年、日本は壬午《じんご》軍乱を契機に軍備を増大させましたが、これは主に酒税の増税で賄われました。

酒税は、明治11（1878）年には1石1円でしたが、明治13（1880）年には1石2円に、明治15年には1石4円に引き上げました。

1石は、一升瓶100本ぶんにあたります。明治15年当時の酒の値段は1石20円前後ですから、酒代の20%が税金だったのです。

この明治15年の増税により、年600万円以上の増収となりました。明治15年から日清戦争までの陸軍の増強費が年400万円程度、海軍の増強費が年300万円程度だったので、軍事費の増加ぶんは、ほぼこの酒税増税で収まったのです。

日清戦争中も、ほかにはとくに増税は行いませんでした。つまり、日本は酒税だけで日清戦争を戦い抜いたことになります。

明治時代の日本は、日清戦争、日露戦争の大戦争を行い、相当の軍事費がかかりました。しかし、軍事費のために地租や所得税を増税するということは、あまりありませんでした。酒税の増税で、なんとか賄っていたのです。

その後も、日本軍は酒税によって支えられます。当時から、「日本軍は酒税によって維持されている」とまで言われていたのです。

たとえば大正時代、秋田の大曲《おおまがり》税務署が提出した密造酒に関する警告書には、次のように記されています。

「わが国では、20個師団の兵を備え置くには1年に8000万円を要し、60万トンの海軍を保つには1年5000万円を要す。よって結局、酒税1億円と砂糖税3200万円だけあれば、陸海軍を備え置いてあまりあるわけである」

当時の酒税は1億円あり、これと3200万円の砂糖税だけで、陸軍・海軍の年間費用がほぼ賄えたというわけです。戦前、日本の軍備は世界的に見ても相当なものでしたが、それを賄えるほどの税収を酒税は稼いでいたのです。

酒税は酒を買ったときに課せられる税金であり、庶民が日常的に必ず払わなければならない税金ではありません。酒を飲まなければ税金は払わずに済むのです。

また庶民の間では密造酒をつくる習慣もあり、酒税を逃れる抜け穴もありました。とくに農村地域では、当たり前のように酒がつくられていました。

造酒が禁止されたのは、明治になってからの話です。日露戦争を前にした明治31

（1898）年、税収増加のために、一般家庭で酒をつくることが禁止されたのです。

それまでも酒に税金は課せられていましたが、家庭でつくった場合も、酒税さえ納めていれば合法でした。もちろん家庭でつくった酒を正直に申告するはずはなく、その多くは脱税状態となっていたようです。そのため、酒税はそれほど国民にとって負担感の大きいものではありませんでした。

そういう緩い税金で莫大な軍費を賄っていたのだから、1880年代の明治新政府はかなり効率の良い財政運営をしていたということではあります。

「源泉徴収」は戦時の特別措置だった

日本では、給与所得に対して「源泉徴収」がされています。年間の所得税をあらかじめ差し引くというものですが、この制度の原型をつくったのは、実はナチスだと言われています。

ヒトラーは、政権をとるとすぐに大規模な税制改革を行いました。

それは大衆の税負担を少なくし、企業や富裕層の税負担を増やすというものでした。ヒトラーは大衆の支持によって政権を獲得したので、大衆が気に入るような政策を講じたのです。

たとえば、扶養家族がいればそのぶんだけ税金が安くなる「扶養控除」を創設し、低所得者の税金を大幅に軽減させました。その一方で、大企業には6％を超える配当金を禁止し、利益を強制的に預金させるなどの実質増税を行っています。

そうした税制改革の一環として、ヒトラーは源泉徴収制度を取り入れたのです。

かつてドイツでは、所得税などは年に1回、まとめて支払うものでした。しかし、一度に大きな金額を用意するとなると、納税者の負担感は大きくなります。

そこで、1年ぶんを一括で払うのではなく、毎週、毎月の給料から少しずつ払う制度をつくりました。しかもそれは、自分で払うのではなく、会社が給料からあらかじめ天引きするのです。

これにより、納税者の負担感は大きく軽減され、また税務当局にとっても徴税が非常に楽になったのです。源泉徴収制度自体は以前からありましたが、それだけですべての納税が完結するような制度をつくったのはナチスが初めてでした。
この制度は世界各国で採用され、戦時中の日本も、ナチスにならって源泉徴収制度や扶養控除を導入することになります。

日本で源泉徴収制度が導入されたのは、戦時中の昭和16（1991）年のことです。信じられないことかもしれませんが、それ以前のサラリーマンの給料には、所得税がかかっていませんでした。所得税はありましたが、法人の所得に対してしか課せられていなかったのです。

会社は、売り上げの中から社員に給料を払います。会社の売り上げにすでに税金がかかっているので、社員の給料に税金をかければ2重に支払うことになります。だから戦前は、サラリーマンの給料に税金をかけるなんて非常識だと思われていたのです。

しかし戦争が激しくなると、戦費がいくらあっても足りなくなります。そこで、特別税としてサラリーマンからの源泉徴収が始まりました。

源泉徴収の旨味を知った税務当局は、戦争が終わっても手放そうとはしませんでした。現代日本におけるサラリーマンの源泉徴収は、戦時中の特別税が今でも続いているということなのです。

源泉徴収制度は、税務当局にとって非常に都合の良い制度です。

会社が給料からあらかじめ天引きするので、取りっぱぐれがありません。また給料を払っている会社が計算するので、過少申告などもありません。会社としても、自社の税金ではなく従業員の税金であり、自分の腹が痛むわけではないので、正確に計算するのです。

また源泉徴収制度を用いると、徴税コスト（税金を取るための費用）も非常に安くなります。申告から徴税までをすべて会社がやってくれますから、税務署としては、間違いがないかをチェックするだけでいいのです。

一方でサラリーマンにとっては、自分がいくら税金を払っているのかわかりづらくなるという大きな弊害があります。最終的な手取り額ばかりを見るので、もし手取り額が少なかったとしても、税金が高いのか、自分の給料が安いだけなのか簡単には判断がつきません。そのため少々増税しても、本人は気づきにくいのです。

つまり源泉徴収制度を用いれば、徴税も増税もしやすくなります。

日本のサラリーマンは、世界的に見てもかなり高額な税金、社会保険料を払っているのに、あまり文句を言いません。それは、自分が実際にどのくらいの税金、社会保険料を払っているのか、よくわかっていないからだと思われます。

が、税金や社会保険料が、サラリーマンの負担になっていないわけがありません。日本の消費は、近年ずっと低迷し続けているのです。

気づかないうちに増税され、国民は知らず知らずのうちに、少しずつ生活が苦しくなっていく。源泉徴収制度は、こういった悪魔的な要素を多分に秘めているのです。

マルサの意外な誕生秘話

伊丹十三《いたみじゅうぞう》監督の映画「マルサの女」によって、すっかり有名になった国税庁のマルサ。「マルサ」とは、脱税の摘発を専門とする、国税局査察部の別称です。査察部の「査」を丸で囲んで表記したことからこう呼ばれるようになりました。このマルサが、なぜ生まれたのかをご存じでしょうか？

終戦後、もっとも多く行われていた脱税は、「密造酒を販売する」というものです。酒の製造には免許が必要であり、酒はつくった時点で脱税として扱われます。

戦前は市販の酒がたいへん高価だったので、自宅で飲む程度の酒は、一般家庭でもつくられていました。ただ小規模な脱税に対しては、当局もそれほど目くじらを立てることはなかったようです。

しかし戦後の混乱期になると、大規模な酒密造業者が増加します。もともと酒は高価で買えなかったことに加え、免許を持つ業者も戦争の被害を受けたことで製造量が落ち、供給不足となっていたのです。そのため、酒を密造して売りさばく者が続出しました。

その方法は、大がかりで悪質でした。中には、村単位で酒の密造をした地域もあったそうです。

前述したように、戦前の日本では酒税が税収の柱となっていました。が、密造酒の弊害は、税収が減るというだけではありません。

当時は、酒の原料となる米や麦自体が不足していました。酒の密造業者が増えると、食糧問題にもなったのです。

また密造酒では、工業用アルコールやメチルアルコールなどを使った粗悪品なども出回ります。健康を害する人も少なくありませんでした。

税収の確保だけでなく、社会問題の解決のためにも密造酒の摘発が重要だったのです。


当時は人心がすさんでおり、脱税者たちが当局の意向をおとなしく聞くようなことはありません。密造酒の取り締まりは困難を極めました。

取り締まりにきた税務署員を袋叩きするなどは日常茶飯事。一応、警察に応援も頼めますが、それも限りがあります。当時の密造酒の取り締まりは命がけであり、実際に殉職する税務署員が出たほどです。

そこで、当局は密造摘発のための専門部署を設けることにしました。このとき国税局の中につくられた国税犯則監視課が、マルサの起源なのです。村単位で密造を計っていた地域に対しても「特定集団密造地域」に指定し、取り締まりを強化しました。

戦後の混乱期に跳梁跋扈《ちょうりょうばっこ》した酒密造業者達は、食糧事情と社会が安定するとともにほぼ消滅しました。現在では、酒は密造するより買った方が安いので、酒税逃れのための密造などはなくなっています。

ビール業界の税金戦争は終結するか？

ビールは、非常に高い税金がかかった商品です。

1缶350㎖に、約77円の税金がかかっているのです。1缶350㎖は230円程度なので、30％以上の高税率商品となります。これは、ビールが高級洋酒とされてきた時代の税制を引き継いでのものです。

発泡酒はビールよりも2、3割価格が安いのですが、この価格差も、税金の差によるものです。ビールよりも発泡酒の方がはるかに税率が低く、350㎖あたりに課されるのは約47円。そのため、発泡酒は安く売ることができるのです。

1990年代から、ビールメーカーは相次いでビールに類似した発泡酒を製造し、税務当局は頭を悩ませてきました。

しかしビールの高税率は、なにも最近になって始まったことではありません。また発泡酒の税率が低かったのも、昔からです。それなのになぜビールメーカーは、1990年代に突然、発泡酒の発売をし始めたのでしょうか？

これには、地ビールの登場が関係していると考えられます。

ビール業界は、これまで大手4社による寡占《かせん》市場でした（沖縄のオリオンビールを除く）。ビールの製造免許を新たに取得することは事実上不可能であり、ビール業界は新規参入の余地がまったくないところだったのです。大手4社が、高い税率を課せられながらも税務当局に従ってきたのは、規制によって守られてきたからでもあります。

しかし1995年、ビールの製造免許が規制緩和され、「地ビール」と言われる新規参入者が続出しました。つまり、ビール業界は守られた業界ではなくなったのです。

そうなると、大手ビール各社にすれば、素直にお上に従うことが馬鹿馬鹿しくなっていきます。そこで、今まで「禁じ手」とされてきた発泡酒の発売に踏み切ったものと見られています。

税務当局の方も黙って見過ごしていたわけではなく、何度も法改正をして、この税の抜け穴を塞ごうとしてきました。しかしビール業界も、その法改正を潜り抜けるような商品を開発し、いたちごっこが続いていました。

結局、税務当局としてもこのままいたちごっこを続けても意味がないので、手打ちをすることにしたようです。

２０２６年には発泡酒とビールは税率が統合され、３５０㎖あたり約54円に変わることになりました。ビールはかなりの値下げ、発泡酒は少し値上げということになるのです。酒売り場の様子は、今後大きく変わりそうですね。

なぜタワーマンションが人気なのか？

昨今、タワーマンションに人気が集まっています。1億円以上のいわゆる「億ション」が一瞬で売れてしまうことも多々ありますが、これには税金が関係しています。「タワーマンションの高層階は税金が安い」、そんな話を聞いたことのある人もいるのではないでしょうか？　実は、富裕層の節税アイテムとして注目されているのです。

不動産を所有すると、毎年、固定資産税が課せられます。標準税率は、土地や建物の評価額に対して１・４％です。

ただし庶民の生活費を圧迫しないよう、狭い住宅地には大幅な割引特例制度があります。住宅用の狭い土地（２００㎡以下）に関しては、固定資産税は6分の1でいいのです。

たとえば、郊外にある600㎡の土地を2000万円で買い、家を建てた場合について考えます。この土地は200㎡を越えていますから、1・4%の固定資産税を払わなければなりません。

一方で、都心の一等地にあるマンションの、50㎡の物件を2億円で買った場合はどうでしょうか。土地の相当額は1億円ですが、部屋の広さは50㎡に過ぎません。そのため、固定資産税は通常の6分の1になるのです。

固定資産税割引制度の条件は、土地の広さです。価格はまったく考慮されません。だから200㎡以下であれば、いくら都心の一等地のマンションであっても、郊外の広い土地より低い税率になります。

また、マンションの固定資産税対象となる「土地所有面積」は、所有する物件の敷地面積ではありません。マンション全体の敷地を総戸数で割ったものとなります。200㎡以上の高級物件だったとしても、マンションの敷地面積が6000㎡、総戸数が100戸であれば、土地所有面積は60㎡として扱われるのです。

戸数の多いタワーマンションであれば、実際の部屋の広さよりもかなり小さい数値となり、土地所有面積が２００㎡を越えることはほとんどありません。タワーマンションのほとんどは、土地の固定資産税が6分の1になります。

田舎の一軒家に住むよりも都心の高級マンションに住んだ方が、税金の面では断然お得だと言えるのです。


高層階には以前、さらに有利な点がありました。

固定資産税の評価額は、同じマンションでは1つの価格しかつかないことになっていたのです。高層階の部屋と低層階の部屋では価格はまったく違いますが、広さが同じであれば、固定資産税は同じになります。高層階の値段が高い物件を買えば低層階と同じ評価額しかされないので、その差額ぶん節税することができたのです。

当局もこの不公平さに気づき、２０１７年度には、固定資産税の評価額が改正されます。20階以上のマンションの高層階に対しては、階を上がるごとに高くなるように設定されたのです。1階と最上階の税率の差は、最大で10数%程度にもなりました。

しかし、この改正は、かえって「タワーマンション節税」を有利にした可能性があります。

というのも、不動産市場において、高層階と低層階の価格の違いは10数%では済みません。マンションによっては、2倍以上の価格差が生じる場合もあります。

にもかかわらず、固定資産税の評価額では10数%しか差がありません。新しい固定資産税を適用されたとしても、節税策としてはまだ十分にメリットはあるのです。

また、この新しい課税方法が適用されるのは、2017年4月以降に販売されるマンションです。それ以前に販売されたものについては、従来の固定資産税が適用されることになります。

ということは、中古のタワーマンションを購入することの節税効果は、以前とまったく遜色ないのです。

しかも、しかも、です。固定資産税の額は、相続税とも連動しています。

相続税の資産評価額は、本来は時価が基本になりますが、不動産などの場合は固定資産税の額で申告していいという特例があるのです。タワーマンションの高層階の土地代については、時価よりもかなり低い額で相続税申告できることになります。

ただし、この節税方法には落とし穴があります。相続税の評価額を固定資産税の評価額で申告していいというのは、便宜上そう決められているだけで、原則としては時価で換算することになっています。固定資産税を基準にして申告しても、あまりに時価と差があれば、税務署に修正される恐れがあるのです。

また、税務当局もタワーマンション節税を快く思っておらず、明らかな節税目的の購入に対しては、追徴課税がされたこともあります。

とはいえ、相続税との連動を差し引いても、タワーマンションの高層階が節税になることは変わりません。人気はしばらく衰えそうにないでしょう。

詐欺で儲けた人にも税金はかかる？

詐欺で逮捕された人が、その直後に脱税でも起訴され、追徴課税となることがよくあります。この追徴課税は、詐欺で得たお金に対するものです。

これって、ちょっと不思議に思いませんか？　犯罪で得たお金に対して、税金がかかっているのですから。犯罪の収益に税金がかかるのなら、窃盗とか、違法薬物の販売の収益に対しても、税金はかかるのでしょうか？

その答えは、「イエス」です。税法では特別な規定がない限り、あらゆる収益に関して税金が課されます。犯罪で得たお金であっても、税金はかかることになっているのです。

しかし、詐欺などの経済犯罪の場合、儲かったぶんはだいたい罰金で持っていかれます。しかもその罰金は、経費などで差し引くことができません。罰金はなかったものとして、儲かったお金だけが収益としてカウントされるのです。

つまり、詐欺などで儲かった人は、罰金で全部儲けを差し出したとしても、税法上は、その儲けの全額に対して税金がかかってくるのです。悪いことをすれば、それだけ報いも大きいということでしょうね。

犯罪の収益は隠されることが多く、発覚しない限りは徴税ができません。しかしひとたび発覚すれば、がっぽり取られることになるのです。

文書のデジタル化でなくなりつつある「印紙税」

「印紙税」は、一定額以上の金額が記載された領収書や契約書などに課せられる税金です。

購入した印紙を、領収書や契約書などに貼ることで納税します。
領収書の印紙税は、受領金額が5万円未満であれば非課税です。5万円以上100万円以下の場合200円の印紙、100万円を超え200万円以下は400円の印紙というふうに、金額に応じて段階的に引き上げられます。印紙税の最高額は20万円で、受領金額が10億円を超えるときに支払います。

お店などでもらう領収書やレシートも印紙税の対象です。しかしデパートなどで5万円以上の買い物をしても、レシートに印紙が貼ってあるのを見ることはほとんどないのではないでしょうか。

なぜかというと、印紙税は、レシートや領収書を発行する側が納税することになっているからです。店舗は、印紙税がかかるレシートの枚数を1か月ごとに税務署に申告しており、それをもとに納税額が決まります。そのため、日常生活で印紙を見かけることはあまりありません。

2021年現在、印紙税の税収は1兆円ちょっとです。が、今後、印紙税の税収はどんどん少なくなっていくと見られています。

というのも、文書の電子化が進み、印紙税の課税対象となる文書がどんどん少なくなっているのです。

印紙税は、領収書や契約書などを「紙で発行した場合」に課せられるものです。口約束や電子文書によってやり取りを行った場合、課税対象とはなりません。

昨今、日本では国を挙げてデジタル化を推進しており、政府は印鑑を廃止し電子署名を普及させようとしています。確定申告などでも、領収書などの証票類は紙で保管する必要はなく、デジタル保管でいいということにもなりました。さらに電子マネーも普及し、領収書やレシートをもらう習慣も減ってきています。

印紙税は、近いうちに有名無実となるかもしれません。

消費税を払わずに買い物をする方法

日本に住んでいる限り、誰もが消費税を払います。商品やサービスを買う時点で店が徴収するため、消費者としては逃れる道がありません。生活するためには「何も買わない」

という選択肢はないので、嫌でも消費税を払わなければならないのです。

絶対に逃れられないように見える消費税ですが、実は逃れる方法がいくつかあります。

まず、消費税を払わずに買い物をするもっとも簡単な方法は、海外から「個人輸入」をすることとです。海外の店舗に直接、申し込んで購入するのです。

昨今ではネットの発達により、海外から物を買うことも非常に簡単になりました。自分で自覚していなくても、海外から物を買っているケースも多々あるのです。

たとえば、ネットで売られているイラストや写真などには、海外サイトで販売されているものも多々あります。知らないうちに海外サイトから買い物をしているケースもあるのです。

本来、輸入品には消費税と関税がかかります。それは海外の通販サイトから何か買った場合でも同様です。

しかし、個人が自分で利用するために買うとき（商売品ではないとき）は、1回の取引が1万6666円以内であれば、消費税と関税は免除されるのです。

個人輸入には、1回の取引が1万円以内の場合、消費税、関税が免除になるという規定があります。そして輸入品の1回の取引額を判定する際、その価額は、輸入品の購入価額の60%でいいということになっているのです。1万6666円であれば、60%は1万円以内に収まっているため、消費税・関税は払わなくていいことになります。

消費税を払わないで買い物をするには、海外旅行をするという手もあります。海外旅行の際、基本的に現地で購入したものには日本の税金はかかりません。

ただし海外の免税品についても、合計20万円以上を購入した場合は、日本国内に持ち込むときに消費税がかかるという決まりになっています。逆に言えば、20万円以内であれば、消費税は払わなくていいことになります。

また、海外の空港で売っているものであれば、日本の商品を消費税抜きで買うことも可能です。ご存じのように、国際空港で入管を通った先には、いろんな免税ショップがあります。そこで買い物をすれば消費税は払わなくて済むのです。

なぜ入管を通った後なら免税になるのでしょうか？　それは、消費税が国内で消費するもの（使用するもの）に対してかかる税金であり、入管を通ったなら海外に持ち出すことが明確なので、消費税は免税になるのです。

ただし日本の空港で買った免税品を日本に持ち帰った場合は、海外の免税品を買ったのと同じ扱いになります。そのため、もし日本の空港で20万円以上の買い物をし、それを持ち帰った場合は、消費税がかかります。

このように、海外旅行で買ったものは、日本の空港であれ、海外で買ったものであれ、20万円を超えれば消費税がかかります。が、実は20万円以上の免税品でも、消費税を払わずに済む方法があります。

免税品の持ち帰りについては、「1種類の商品について合計の値段が1万円以下のものについては税金が課せられない」となっているのです。これは、商品1つの値段が1万円以下ではなく、1つの商品の合計購入額が1万円以下ということです。

1000円のチョコレート10個ならば、1万円以下なので消費税はかかりません。1000円のチョコレートが11個ならば、1万円を超えるので消費税はかかります。

一方、1000円のチョコレート10個、1000円のアメが1個だと合計は1万円を超えますが、各品目で1万円以下なので消費税はかかりません。1品目あたり1万円以下であれば、どれだけ買い物をしても免税になるのです。

この仕組みをうまく使えば、合計額が50万円でも100万円でも免税になります。高額な買い物でも、消費税を払わずに日本に持ち帰ることができるのです。

ただし、商売のための仕入れ商品は対象外です。海外の商品を安く買い付けて日本で販売する場合には、消費税や関税が課せられます。無税で持ち込めるのは、あくまで「個人的に使うもの」だけなのです。

住民税は「どこも一緒」ではない?

日本に住み、一定の収入を得ていれば誰もが払う住民税。税額は全国一律と思っている人も多いのですが、実は若干のばらつきがあります。

住民税の課税方法には、「均等割」と「所得割」があります。この2つの税額を合算したものが、払うべき税額です。

均等割は、一定以上の所得のある人に対し同じ金額を課すものです。生活保護受給者など以外は、原則としてすべての人が払わなければなりません。

標準税額は市町村民税3500円、道府県民税1500円ですが、自治体によって若干の違いがあります。

たとえば、宮城県では県民税の均等割が2700円です。これは、標準税率の1500円に「みやぎ環境税」の1200円を含めた数字です。森林や海洋環境の保全などのため、2011年から導入されました。


所得割は、所得の額に税率をかけて算出されます。標準税率は、市町村民税が6%、道府県民税が4%で合計10%です。

所得割についても、自治体によって差があります。たとえば神奈川県は2017年から2021年まで、所得割が4・025%で、標準税率より高く設定されています。また、名古屋も2017年までは5・7%と安くなっていました（2022年現在は7・7%）。

ちなみに国民健康保険の場合、自治体による違いはもっと大きくなります。

国民健康保険とは、自営業の人や年金暮らしの人などが加入する健康保険です。この保険料は、世帯ごとに課せられたり、個人ごとに課せられたり、収入に応じて課せられたりと、計算方法が市区町村によって本当にバラバラなのです。年間数万円単位で差がついている場合もあります。

このように、どの都道府県、どの市区町村に住むかによって、負担する税金、社会保険料は大きく変わります。引っ越しなどを考える際には、検討材料とした方がいいかもしれません。

「日本の富裕層の税金は高い」というウソ

「日本の金持ちは世界でもトップレベルの高い税金を払っている」

こんな話はよく聞きます。インターネットでも、「日本の富裕層は世界一高い所得税を払っている」といった意見を目にすることが少なくありません。

しかし、これはまったくのデタラメです。

たしかに、日本の所得税の最高税率は45%で、先進国ではトップクラスです。これだけ見れば、日本の金持ちはたくさん税金を払っているように見えるかもしれません。が、日本の所得税にはさまざまな抜け穴があって、名目税率は高いのだけれど、実質的な負担税率は驚くほど安いのです。むしろ、日本の富裕層は先進国でもっとも税金を払っていないと言えるのです。

図3　日米の所得税比較

	アメリカ	日本
所得税率（最高税率）	37%	45%
所得税額（2021年度予算）	1兆7,050億ドル（約200兆円）	18.7兆円

日本の富裕層がいかに税金を払っていないかは、アメリカと比較するとわかりやすいでしょう。

富裕層の最高税率だけを見れば、日本は45%、アメリカは37%なので、日本は8ポイントも高くなっています。しかし、実際に支払われた税額はどうでしょうか。２０２１年度予算における日本の所得税収は、わずか18・7兆円に過ぎません。一方、アメリカの所得税収は、約２００兆円です。なんと日本の所得税収は、アメリカの10分の1以下しかないのです。

日本の経済規模はアメリカの4分の1ですから、明らかに日本の所得税収は少なすぎます。経済規模を考慮しても、日本の所得税収はアメリカの半分以下と言えるのです。

ほかの先進諸国と比較しても、同様の結果となります。

アメリカ、イギリス、フランスなどは、いずれも所得税の税収がＧＤＰの10%前後です。が、日本の場合、６%程度しかありません。ほかの先進国の半分くらいしか所得税収がないのです。

先進国では、所得税収の大半を富裕層が負担する状態になっています。所得税収が少ないのはすなわち、富裕層の税負担が少なすぎるのです。

いかに、日本の金持ちの税金が抜け穴だらけか、ということです。


なぜ税率は高いのに税額は低いのかというと、日本には、配当所得（株式の配当金などの所得）に対する超優遇税制があるからです。

配当所得は、どんなに収入があっても所得税、住民税合わせて一律約20％でいいことになっているのです。20％というのは、平均的なサラリーマンの税率とほぼ同じです。

これは、配当所得を優遇することで、経済を活性化させようという小泉内閣時代の経済政策によるものでした。

富裕層には、持ち株の配当から収入を得ている者が少なくありません。富裕層の大半は、この優遇税制の恩恵を受けているのです。

また配当所得者に限らず、「経営者」「開業医」「地主」など富裕層の主たる職業ではだいたい税金の大きな抜け穴が用意されています。名目通りの高額の税率を払っている富裕層はほとんどいないといっていいのです。

国会に提出された資料でも、日本の実質税負担率は所得が1億円になるまでは税率が上がっていきますが、1億円を超えると急激に税率が下がるというデータがあります。

あとがき　〜現代サラリーマンの負担は、江戸時代の年貢より重い〜

「日本人は税金に疎い」。筆者はそう思っています。

日本ではこの20〜30年、消費税の増税、社会保険料の段階的な引き上げ、介護保険の創設などによって、中間層以下の税や社会保険料の負担は激増しています。

税金、社会保険料の負担率を合わせると、平均的なサラリーマンは、だいたい収入の4割程度を取られています。これは、江戸時代の年貢よりも重い負担です。しかし、日本の国民のほとんどは、大して文句も言わずに高い税金を払い続けています。

欧米であれば、絶対にこうはいきません。

たとえば、フランスでは2019年、軽油税1リットルあたり10円程度の増税が決定しました。が、不満を抱いた国民が全土で暴動を起こし、結局、増税は撤回されました。

欧米では、市民革命によって「民主主義の社会」がつくられました。そのため税金については、自分たちで決めるという文化があります。税金の取り方、使い方は、常に厳しい目で監視されているのです。

日本人の場合、市民革命で民主主義社会をつくったわけではないので、まだ民主主義自体をよく使いこなせていないように感じます。積極的に政治に参加する文化もなく、税金についても、関心を持つ人はあまりいません。

これは、ヤバい傾向です。

民主主義のシステムというのは、国民が政治家や官僚をしっかり監視することで、成り立つものです。財政は、そのもっとも重要な部分です。税金について国民がきっちり監視していないと、国はたいへんなことになります。

今、日本の重大な社会問題となっている「少子高齢化」ですが、かつては日本よりも欧米で深刻だったことをご存じでしょうか？

欧米では、１９７０年代ごろから少子高齢化が始まっていました。当時の出生率は、日本よりも欧米の方がずっと低かったのです。欧米はすぐに少子高齢化対策を講じ、出生率を維持できるようになりました。

一方の日本は、少子高齢化の傾向が見えてきても、なんの対策も講じませんでした。結果、日本は欧米よりもはるかに少子高齢化が進んだ「老人大国」になってしまったのです。

それもこれも、日本の国民が政治家や官僚のやっていることを厳しく監視していなかったからでしょう。

たとえば消費税は、子育て世代を直撃する税金です。なぜなら、人生においてもっとも消費額が多いのは、子育てをしている時期だからです。子育てをしている世代＝20代後半～30代、40代の人たちは、あまり収入は多くないわりに、子どもに関する費用がかさんでいます。

出生率を上げるには、子育てをしやすくする必要があります。この世代に負担がかからないように、欧米諸国の場合は、減税をしたり、手厚い支援をしたりといったことを丁寧に行っていました。

しかし日本の場合、たった2％の軽減税率しかありません。さらに待機児童問題や大学の学費高騰問題を長年にわたって放置するなど、子育てをさせる気のないような政治を行ってきました。こんな政治をしていれば、少子高齢化になるのは当然です。

これは、政治家や官僚のせいばかりではありません。国民がちゃんと監視し、文句を言ってこなかったせいでもあるのです。

日本人は、もっともっと税金に関心を持つべきだと筆者は思っています。少しでも税金に関心を持ってもらいたいと思い、本書を執筆した次第です。

新型コロナ対策でも、巨額の税金が使われていますが、我々はその使い方をしっかり注視し、今後の徴税にも目を光らせておかなければなりません。これまでのように、政治家任せ、官僚任せでは、国は成り立っていかないのです。

本書がその一助になれば、筆者としてこれに勝る喜びはありません。

最後に、イースト・プレスの堅田沙希氏をはじめ本書の制作に尽力いただいた皆様に、この場をお借りして御礼を申し上げます。

2022年1月　著者

《参考文献（順不同）》

『税金千夜一夜物語』武田昌輔著（清文社）

『世界の珍税・悪税　上』岩崎善四郎著（現代創造社）

『世界関税史』朝倉弘教著（日本関税協会）

『税金の西洋史』チャールズ・アダムス著、西崎毅訳（ライフリサーチ・プレス）

『ローマ皇帝伝　上・下』スエトニウス著、國原吉之助訳（岩波文庫）

『お金の歴史全書』ジョナサン・ウィリアムズ編、湯浅赳男訳（東洋書林）

『金融の世界史』板谷敏彦著（新潮社）

『帳簿の世界史』ジェイコブ・ソール著、村井章子訳（文藝春秋）

『黄金の世界史』増田義郎著（講談社）

『図説西洋経済史』飯田隆著（日本経済評論社）

『国富論1～4』アダム・スミス著、大河内一男監訳（中央公論新社）

『国富論1～4』アダム・スミス著、水田洋監訳（岩波書店）

『モンゴルと大明帝国』愛宕松男／寺田隆信著（講談社）

『古代ユダヤ社会史』H・G・キッペンベルク著、奥泉康弘／紺野馨訳（教文館）

『ユダヤ移民のニューヨーク』野村達朗著（山川出版社）

『ロスチャイルド王国』フレデリク・モートン著、高原富保訳（新潮社）

『貨幣の中国古代史』山田勝芳著（朝日新聞社）

『中国古代の貨幣』柿沼陽平著（吉川弘文館）

『中国の科学と文明』ロバート・テンプル著、牛山輝代訳（河出書房新社）

『オスマン帝国』鈴木董著（講談社）

『興亡の世界史10　オスマン帝国500年の平和』林佳世子著（講談社）

『イギリス財政史研究』隅田哲司著（ミネルヴァ書房）

『ドイツ経済史』H・モテック著、大島隆雄訳（大月書店）

『ナチス経済とニューディール』東京大学社会科学研究所編（東京大学出版会）

『ナチス経済』塚本健著（東京大学出版会）

『海のイギリス史』金澤周作著（昭和堂）

イースト新書Q

Q079

世界《せかい》を変《か》えた「ヤバい税金《ぜいきん》」

大村大次郎《おおむらおおじろう》

2022年3月18日　初版第1刷発行

校閲	株式会社鴎来堂
発行人	永田和泉
発行所	株式会社イースト・プレス 東京都千代田区神田神保町2-4-7 久月神田ビル　〒101-0051 tel.03-5213-4700　fax.03-5213-4701 https://www.eastpress.co.jp/
ブックデザイン	福田和雄(FUKUDA DESIGN)
印刷所	中央精版印刷株式会社

ISBN978-4-7816-8079-8